Libertando o Seu Gênio

LIBERTANDO O SEU GÊNIO

Como Descobrir Seu Temperamento e Sua Vocação

Dick Richards

Tradução de Eliane Fittipaldi Pereira de Lima Paiva

EDITORA CULTRIX
São Paulo

Título do original: *Setting Your Genius Free – How to Discover Your Spirit and Calling.*

Para maiores informações escreva para:
The Berkley Publishing Group, membro da Penguin Putnam Inc.,
200 Madison Avenue, New York, New York 10016.

Edição	Ano
1-2-3-4-5-6-7-8-9	01-02-03-04-05-06

Direitos de tradução para o Brasil
adquiridos com exclusividade pela
EDITORA PENSAMENTO-CULTRIX LTDA.
Rua Dr. Mário Vicente, 368 — 04270-000 — São Paulo, SP
Fone: 272-1399 — Fax: 272-4770
E-mail: pensamento@cultrix.com.br
http://www.pensamento-cultrix.com.br
que se reserva a propriedade literária desta tradução.

Impresso em nossas oficinas gráficas.

Para os anjos de
Id-Dar tal-Provvidenza

Sumário

Agradecimentos

Obrigado.

Obrigado, Calvin Germain e Marvin Israelow, por terem plantado as sementes deste livro.

Obrigado, John Willig, Kathryn Hall, Karen Thomas, Natalee Rosenstein e Steve Piersantí, por estimularem minha carreira literária ao longo do seu caminho às vezes ambíguo.

Obrigado, Lewis Portelli, Sylvia Ear, Anne Marie Morales, Lino Cuschierri, Achille Mizzi e Grazio Falzone, por me ajudarem a apreciar a vida de monsenhor Mikiel Azzopardi e a acertar os detalhes.

Obrigado, Michelle Franey, George Davis, Cheryl Highwarden, Karen Schenk, Lora Whaley, Nancy Dawson, Beryl Byles, Almut Klupp, Karen Adie, Paul Spearman, Ellen Foster, Scooter, Rob Henderson, Dee Conti, Dave Schmiege e a todas as pessoas que compartilharam comigo o seu gênio e a sua missão. Não tenho uma lista completa, e sei que ela seria muito longa.

Obrigado, Patty Schroeder, por ser uma irmã espetacular e cúmplice no crime de escrever.

Obrigado, Susan Smyth, por me ouvir quando me sinto inútil, ajudando-me a fazer esta e outras partes da minha tarefa de vida, por ser gentil e por mais coisas que jamais poderia mencionar aqui.

Obrigado a todos.

Introdução

Este livro é uma celebração do que é bom, certo e verdadeiro em cada um de nós. Ele se dirige à melhor parte de você, ao seu espírito inigualável.

Dois acontecimentos felizes, ambos ocorridos há quase dez anos, deram origem a este livro. O primeiro aconteceu numa aldeiazinha no litoral sul da Inglaterra, onde eu estava conduzindo um seminário para uma grande empresa, em parceria com um amigo e às vezes colega, Calvin Germain. Em seu trabalho como treinador de líderes de várias empresas, Calvin usava um conceito que chamava de "Processo-Chave" e que desde então conheço como "gênio".

Durante nossa estada no litoral da Bretanha, Calvin apresentou-me técnicas que ele usava para ajudar seus clientes a compreender seus Processos-Chave e conduziu-me aos métodos atraentes — e às vezes frustrantes — de descoberta do meu próprio Processo-Chave, o meu gênio.

Aqueles de nós que trabalham para orientar o desenvolvimento dos outros estão sempre à procura de novas idéias e técnicas. Já conhecia um bom número delas quando Calvin disse: "Aqui está uma coisa nova e útil." Mas esse conceito de Processo-Chave e as técnicas iniciais que aprendi com Calvin parecem de algum modo mais profundos e poderosos do que qualquer coisa que já encontrei.

O segundo acontecimento deu-se em Nova Jersey, aproximadamente um ano depois de eu ter conhecido Calvin. Outro amigo e às vezes colega, Marvin Israelow, que trabalhou para uma grande organização, contratou-me como consultor para desenvolver um novo programa de treinamento para a sua empresa. A empresa estava passando pelo início daquilo que agora chamamos de *downsizing*. Era uma organização na qual, historicamente, os gerentes dirigiam as carreiras dos seus subordinados. Aquilo já não era mais possível, já que o âmbito de controle de cada gerente estava aumentando com rapidez. A empresa queria capacitar o seu pessoal para administrar sua própria carreira com mais eficácia, e esse programa de treinamento era um veículo para atingir esse objetivo.

Criar um programa de treinamento requer o desenvolvimento de um modelo conceitual, uma espécie de roteiro ou mapa rodoviário que ajude os criadores, treinadores e participantes a compreender o que incluir ou excluir no programa e como criar uma seqüência de eventos e conceitos que conduzam a algum resultado desejado.

Decidi que os conceitos e os métodos que havia aprendido com Calvin eram os instrumentos perfeitos como ponto de partida para ajudar as pessoas a assumir maior responsabilidade por sua vida profissional e por sua carreira. Criei um programa de treinamento que incluía o Processo-Chave como ponto central, juntamente com a discussão de questões a ele relacionadas, assim como compromisso e missão pessoal.

Este livro segue livremente a estrutura desse seminário; uma versão do modelo conceitual para o programa de treinamento encontra-se no capítulo 8.

O programa ainda existe enquanto escrevo este livro, dez anos depois. Pesquisas sobre sua eficácia levaram a empresa a continuar oferecendo-o para beneficiar seus empregados.

Entre esses dois acontecimentos e o momento atual, meu entendimento do Processo-Chave aprofundou-se, juntamente com minha suscetibilidade espiritual. É por isso que agora eu denomino "gênio", e não Processo-Chave, o extraordinário fenômeno que Calvin me apresentou.

Também descobri muitas outras utilidades para o conceito de gênio. Amigos, companheiros e os executivos a quem ofereço treinamento acham-no valioso, especialmente nas épocas de transição em seu trabalho e em sua carreira. Ele os ajuda a encontrar direção. Quando as empresas com as quais trabalho aprendem a respeito do gênio de cada membro de equipe, elas descobrem uma nova maneira de apreciar a contribuição de cada pessoa para o esforço conjunto. Quando um grupo de executivos está formando uma visão da sua organização, compreender o gênio dos outros é um apoio valioso. Eles aprendem que, quando a visão que criam está relacionada de algum modo com o gênio de cada pessoa, é mais provável que tenham sucesso em comunicá-la aos outros e comprometer a sua energia com a realização dessa visão.

Assim, o conceito de gênio e as técnicas que este livro contém para que você descubra o seu gênio tornaram-se a base de treinamento em diversas áreas, como liderança, autoconfiança na carreira, trabalho em equipe e criatividade.

Como resultado dessas experiências, agora considero o conceito de gênio ainda mais profundo e forte do que quando Calvin generosamente o ensinou para mim. Também tenho desenvolvido outras técnicas para descobrir o gênio, assim como uma compreensão mais profunda e uma apreciação da força do gênio em cada um de nós.

Há um forte espírito que nos infunde a sua atividade e paira protetoramente em torno de nós. Esse espírito é o seu gênio. Este livro é o seu guia para descobri-lo e conhecê-lo, detectar seu objetivo, explorar seus compromissos e viver uma vida realizada.

1

O Seu Gênio

As formas de todas as coisas derivam
do seu gênio.

— WILLIAM BLAKE

Você tem um dom exclusivo e especial para oferecer ao universo. Meu modo prático de referir-me a esse dom é chamá-lo de gênio.

A idéia de que cada um de nós tem um gênio pode parecer surpreendente ou muito estranha; no entanto, não é uma idéia nova, mas antiga, que foi esquecida na nossa sociedade. Tendemos a pensar no gênio como uma capacidade mental, um número num teste de Q.I. A idéia é muito mais fértil do que isso, e permaneceu viva em diversas culturas durante muitas eras. Por exemplo, os gregos e romanos da Antiguidade acreditavam que o gênio era um espírito nascido no mesmo momento em que nascia a pessoa a quem estava ligado. Eles acreditavam que o gênio ficava com a pessoa durante toda a sua vida e que era uma fonte de orientação e proteção: uma estrela-guia e um anjo guardião embrulhados no mesmo pacote. Os romanos da Antiguidade celebravam os aniversários como o nascimento de um gênio, e não de uma pessoa.

Hoje, estamos muito mais propensos a ficar agoniados com relação às nossas aparentes fraquezas do que a celebrar uma coisa especial e valiosa em nós mesmos. Nos momentos que reservamos para a auto-reflexão, geralmente estamos muito ocupados perguntando-nos o que está errado conosco. Por que eu não posso ser mais eu mesmo? Quem sou eu, afinal? Como a minha família contribuiu para os meus problemas? Qual é o meu maior vício? Como posso me corrigir? Por que não consigo comprometer-me com um relacionamento? Por que não consigo encontrar um trabalho satisfatório?

Decida agora celebrar o seu valor com mais freqüência do que preocupar-se com os seus fracassos. Embora possa ser frutífero jogar a luz da consciência sobre os seus problemas e falhas, é igualmente frutífero tirar os seus dons exclusivos da escuridão. O seu gênio é um desses dons.

Este livro irá ajudá-lo a descobrir o seu gênio e aprender como cuidar dele. Não se engane: você tem um gênio. O seu gênio é o seu poder natural. Ele detém o potencial de criar alegria e sucesso ou frustração e fracasso quando é usado sem consciência e sem escolha. Como qualquer outro poder, você vai usá-lo melhor se o compreender bem.

Nestas páginas, você encontrará meios para ajudá-lo a descobrir o seu gênio e criar as situações nas quais ele poderá florescer.

Ofereça a si mesmo o presente de acreditar que você tem um gênio. Que eu saiba, e segundo meus cálculos imprecisos, aproximadamente mil pessoas na América do Norte, América do Sul e Europa vêm assistindo a seminários que pretendem ajudá-las a descobrir o seu gênio. Elas fazem a escolha de oferecer esse presente a si mesmas. A experiência delas diz que entender o seu gênio é algo atraente e ao mesmo tempo vale a pena.

Este livro também contém histórias a respeito de pessoas que descobriram o seu gênio e do que essa descoberta significou para elas. Eis uma dessas histórias.

Francine: "Envolvendo o Coração"

Francine e eu estamos nos deliciando com *fajitas* — as dela, de frango; as minhas, de camarão — no pátio ensolarado de um restaurante mexicano com vista para o rio Ohio. Somos amigos há muitos anos e gostamos de compartilhar os detalhes de nossas vidas e pensamentos, bem como o silêncio que pontua a nossa conversa.

Francine é uma psicóloga que trabalha para uma grande empresa. Seu trabalho envolve ajudar os gerentes da empresa a desenvolver a si próprios, o seu pessoal e o seu ambiente de trabalho. Na cultura dessa empresa reinam o intelecto e a lógica, a intuição é suspeita e qualquer demonstração de emoção é pretexto para uma avaliação de desempenho negativa.

Francine está me contando a respeito de uma apresentação a que assistira no dia anterior. O apresentador mostrou para a audiência um quadro que continha colunas de números. Várias pessoas começaram imediatamente a usar suas calculadoras, verificando as contas do quadro:

— Eles estavam mais interessados em verificar se a soma estava correta do que em saber o que os números significavam — disse ela — e adoram encontrar erros. Eles adoram pegar alguém errando.

Conversamos a respeito do seu gênio, o dom que ela tem para oferecer ao universo, o dom que parece não ser bem-vindo no seu atual trabalho. Ela descreve o seu gênio da seguinte maneira:

> Eu tenho de ir direto ao que interessa, ao cerne das coisas e das pessoas com quem trabalho. Quando faço isso, parece que as palavras são de algum modo inadequadas. Até mesmo quando falo a respeito do meu gênio, sinto que as palavras não funcionam. Quando o meu coração está engajado, sei que algo é bom e certo e que tem de ser feito. Isso não é um conhecimento intelectual nem exatamente uma sensação. É um profundo conhecimento interior.
>
> Tive de aprender o negócio da lógica, e sou boa nisso. Sei que sou talentosa; tenho todos os diplomas que certificam isso. Porém, não consigo viver de acordo com esse modelo racional e lógico o tempo todo. Há mais coisas na vida do que ser intelectualmente habilitado.

Francine chama o seu gênio de "Envolvendo o Coração". Nos próximos capítulos deste livro, você encontrará um nome para o seu gênio.

É difícil imaginar uma atmosfera organizacional mais antitética ao gênio de Francine; ela é toda coração e afirmação, enquanto as pessoas ao seu redor são todas intelecto e crítica. Sua experiência como funcionária da empresa é frustrante para ela. Ela acha que não é capaz de "atingir o que realmente importa" com a maior parte das pessoas à sua volta. Com freqüência, o que realmente importa não pode ser provado intelectualmente ou com números.

Queixosa, ela pergunta:

— Como é possível medir o espírito humano? Como é possível medir o que existe no coração humano? Isso certamente não pode ser feito com uma calculadora.

Essa experiência é frustrante para Francine porque a maioria das pessoas que a rodeiam simplesmente não consegue ver ou avaliar o que ela tem para oferecer. Elas não apreciam o seu dom. Ela é uma rosa que tenta florescer num deserto, e diz: "Isso não é fazer um bom uso da minha vida."

A situação tem sérias conseqüências para Francine. Ela diz o seguinte:

— Fico com raiva de mim mesma. Quando me vi pela primeira vez nessa situação, não estava plenamente consciente daquilo em que estava me metendo. Ficava achando que devia fazer algo melhor, mas não sabia o quê. Ficava irritada comigo mesma e com todas as outras pessoas. Tinha uma raiva tal que seria fatal exprimir naquele ambiente. Eu me castiguei muito.

Francine me conta que está deixando a empresa. Até agora, ela não sabe ao certo por que teve de sair; apenas sabia que era o melhor a fazer. À medida que ela vai compreendendo melhor o seu gênio, as razões pelas quais está se demitindo ficam mais claras.

Ela diz: — Agora estou procurando algo que ocupe o meu coração, e quero trabalhar com pessoas que estão fazendo o mesmo.

O gênio de Francine estava contrariado pela cultura tradicional da empresa, pelas pessoas que perpetuavam essa cultura e talvez pela sua falta de habilidade para comunicar quem ela era e o que tinha para oferecer. Ela acha que essa situação foi um veneno para ela.

Como Usar Este Livro

Este livro contém muitas histórias semelhantes à de Francine. Há histórias de pessoas que optam por abandonar uma situação que é prejudicial para o seu gênio: um casamento, um emprego, um círculo de amigos. Quando você descobre o seu gênio e lhe dá um nome, também é possível que reconheça que a sua situação de vida requer mudança. Esse reconhecimento provavelmente não será novo para você. Provavelmente, dar um nome ao seu gênio irá lhe oferecer a compreensão de algo que você sabe ou que vem percebendo há algum tempo: a necessidade de mudança.

Também é possível que você reconheça por que a sua situação atual funciona bem para você, se é isso o que acontece. Você também pode descobrir que pequenas mudanças, mudanças menos dramáticas do que as de Francine, farão uma enorme diferença.

Ao entender melhor o modo de agir do seu gênio, como Francine agora entende o do gênio dela, você será mais capaz de evitar as situações que são prejudiciais a você. Melhor ainda, será capaz de buscar ativamente aquelas que são positivas e que permitem que você fique na sua melhor forma. Você estará mais bem preparado para buscar essas situações que encorajam um bom uso da sua vida.

Os primeiros cinco capítulos deste livro contêm sugestões e meios para você descobrir o seu gênio. A maior parte dessas sugestões envolve escrever e tomar nota de coisas a seu próprio respeito. Muitas pessoas acham útil manter um diário para registrar suas investigações a fim de descobrir o seu gênio, especialmente se estão trabalhando sozinhas, e não em grupo. O melhor é um caderno pequeno, que você possa carregar consigo, ou, se já carrega uma agenda ou diário, pode querer dedicar algumas páginas ao seu gênio. Enquanto estiver usando os instrumentos, estará preenchendo o seu diário com informações que contenham pistas a respeito do seu gênio.

O capítulo 6 vai ajudá-lo a reunir todas as informações. Você dará um nome ao seu gênio, como Francine deu um nome ao dela: "Envolvendo o Coração". O nome irá permitir que ela se agarre ao seu gênio. O nome é como uma alavanca que a fará entender o significado completo e a complexidade do seu gênio. Chamá-lo corretamente pelo nome vai lhe dar o poder de ficar consciente dele e reivindicá-lo como seu.

O capítulo 7 descreve um grupo de pessoas que ajudam umas às outras a descobrir os gênios de cada um e oferece diretrizes para esses grupos. Trabalhar com um grupo, participar de encontros de ajuda mútua, é um modo especialmente útil de descobrir o seu gênio, porque as outras pessoas geralmente vêem coisas a nosso respeito que nós não vemos de imediato. Você também irá descobrir que, nesses grupos, as pessoas passam a valorizar mais umas às outras.

Os capítulos de 8 a 10 contêm idéias a respeito de como seguir o seu gênio, nutri-lo, comprometê-lo com uma missão e obter o apoio de que você precisa para mantê-lo vivo.

O processo de dar um nome ao seu gênio também se beneficia com freqüentes lembretes a respeito das muitas facetas do gênio e dos diversos caminhos que esse processo pode tomar. Nos seminários ou oficinas, esses lembretes são pregados como cartazes na parede para que os tenhamos à nossa frente o tempo todo. Ter os cartazes diante de nós ajuda-nos a mergulhar em todos os detalhes que precisamos ter em mente enquanto procuramos o nosso gênio pessoal. Neste livro, alguns capítulos terminam com "cartazes" que resumem os pontos-chave do capítulo ou de capítulos anteriores. Sugiro que você pelo menos dê uma olhada neles quando os encontrar, mesmo que já tenha lido os trechos do livro que os explicam. Coloquei-os no final dos capítulos para que eles não interferissem com o texto; se você os achar meramente repetitivos e aborrecidos, e não úteis, poderá pulá-los.

No meu sistema de crença, o gênio é um espírito esquivo. Ele não é esquivo por causa de qualquer característica do próprio espírito, mas porque o ignoramos por muito tempo e não estamos acostumados a pensar nele, muito menos a celebrar sua existência. Talvez, como muitos de nós, ele tenha se tornado esquivo porque teme a rejeição.

Espero que este livro o ajude a descobrir o seu gênio. Espero também que detecte a sua missão e que descubra novos compromissos ou redescubra compromissos esquecidos. Espero que você use este livro como um mapa para uma grande aventura, a fim de entender e cultivar o que é bom e o que é certo a respeito de si mesmo.

Duas sugestões: primeira, este livro contém muitas sugestões para ajudá-lo a detectar o seu gênio e também para descobrir a sua missão. Algumas pessoas se sentem sobrecarregadas pelo número de sugestões que eu dou. Use aquelas que fizerem mais sentido para você agora. Se elas não funcionarem para você, use outras, mesmo que não façam sentido. O processo de dar nome ao seu gênio é complexo e não se presta inteiramente a uma abordagem linear passo a passo. Use todos os meios de que precisar até se sentir seguro a respeito do nome apropriado para o seu gênio; então, use alguns mais para verificar o nome. Muitas pessoas não precisam utilizá-los todos para que esse nome lhes pareça óbvio. Alguns gênios, porém, são criaturas fugidias.

Segunda sugestão: seja gentil consigo mesmo enquanto usa os meios indicados neste livro. Seja paciente. O seu gênio está aí, esperando por você. Ele pode ser tímido porque você o negligenciou. Não se culpe por isso. Este livro pretende ser uma celebração do que é bom e certo a seu respeito, e não um catálogo das suas faltas.

Princípios Básicos

Entender o seu gênio é o primeiro e necessário passo para fazer bom uso da sua vida, para poder responder a perguntas como estas:

Qual é o trabalho certo (ou errado) para mim?

Por que o trabalho que estou fazendo parece satisfatório (ou não-satisfatório)?

Qual é a fonte que está por trás do meu contentamento (ou frustração) com a vida?

Por que alguns relacionamentos simplesmente parecem fazer ou não sentido?

As respostas a essas perguntas estão dentro destes quatro princípios básicos para fazer bom uso da sua vida:

1. Você tem um gênio, que é o seu dom exclusivo e especial para o universo em geral e, particularmente, para os que estão ao seu redor.
2. Um bom uso da sua vida requer que siga seu gênio.
3. Um bom uso da sua vida requer o compromisso com uma missão.
4. Seguir o seu gênio e comprometer-se com uma missão ficam significativamente mais fáceis quando você se cerca de apoio.

Esses quatro princípios constituem a base do trabalho que você fará ao continuar com a leitura.

O Velho Urso

O livro para crianças, *O Velho Urso*, conta a história do resgate de um ursinho velho e esquecido numa caixa no sótão, empreendido por quatro amigos de pelúcia: Bramwell Brown (outro ursinho), Pato, Coelho e Pequeno Urso.

Os amigos do Velho Urso usam diversos métodos em várias tentativas para chegar ao sótão e libertá-lo. Cada um deles sugere um esquema. Constroem uma torre de tijolos. Ela desmorona. Eles ficam de pé nos ombros uns dos outros, mas falham novamente. Pulam na cama, mas não conseguem atingir a altura necessária. Sobem num galho alto, mas ele se quebra. Finalmente, eles conseguem, usando um método sofisticado que envolve um aviãozinho de corda e um pára-quedas. O Velho Urso é libertado.

Basicamente, a história diz respeito ao poder da amizade. Ela trata também dos métodos de resgatarmos nossas vidas, libertando algo que estava esquecido, algo de valor.

Cada um de nós pode ter um Velho Urso, uma parte esquecida e valiosa de nós mesmos confinada numa caixa num sótão metafórico.

Depois que o método de pular na cama falha, o Pato se lamenta: "O que vamos fazer agora? Nunca seremos capazes de resgatar o Velho Urso e ele ficará lá preso, cada vez mais solitário, solitário para sempre."

Bramwell Brown responde com firmeza: "Não devemos desanimar."

Cada um de nós tem um método favorito para resgatar sua vida. O nosso método favorito pode ser algo como *Os sete hábitos das pessoas muito eficazes*, de Stephen Covey, *As sete leis espirituais do sucesso*, de Deepak Chopra, a afiliação a uma religião formal ou a um programa de doze passos. Ou talvez estejamos buscando por um momento de *Profecia celestina*.

Os quatro amigos de pelúcia, no entanto, sabiam que o seu sucesso estava em alguma coisa muito mais fundamental do que qualquer método que pudessem inventar. Seu sucesso dependeria do amor que tinham uns pelos outros e pelo Velho Urso.

O nosso sucesso em resgatar ou dar ênfase às nossas vidas, libertando algo valioso e esquecido, também dependerá de algo muito mais fundamental do que qualquer método. Não importa quão poderoso o método possa ser — e esses que acabaram de ser mencionados são todos poderosos — ele acabará dependendo do conhecimento que você tem do seu próprio gênio. Por exemplo, em *As sete leis espirituais do sucesso*, Chopra escreve o seguinte: "Você tem um talento que é exclusivo em sua expressão, tão exclusivo que nenhum outro ser vivo neste planeta tem esse talento, ou esse modo de exprimir esse talento." Chopra aconselha-nos a descobrir esse talento. O talento é o seu gênio.

À medida que você lê este livro e vai usando as sugestões que ele contém, descobrirá o seu gênio e determinará se ele está vivo ou se está adormecido, como o Velho Urso preso numa caixa do sótão, esperando para ser libertado. Você descobrirá como usar o poder do seu gênio com sabedoria. Examinará como o seu gênio influencia os seus relacionamentos, o seu trabalho, os seus hábitos, o seu modo de pensar e aquilo em que acredita.

Algumas pessoas são céticas a respeito da noção de gênio por acharem que a idéia parece ser muito grandiosa ou estar fora do reino da possibilidade. Não é nenhum dos dois. Você é cético? Se for, talvez seja porque o seu gênio tem algo que ver com o questionamento ou a busca da certeza. Se você puder aceitar essa possibilidade, então já começou a aprender a respeito do seu gênio. Deixe de lado, por algum tempo, a sua descrença para ler mais.

Uma Experiência Mental

Dar um nome ao seu gênio é uma experiência mental, ou seja, um recurso científico utilizado para analisar teorias. Galileu usava experiências mentais para testar suas teorias, e Einstein usava-as com liberalidade para explorar a relatividade. A maioria dos médicos aceita a validade das experiências mentais como um meio eficaz para examinar a realidade.

Você não precisa ser Galileu ou Einstein para fazer uma experiência mental. Tudo o que tem a fazer é imaginar que certas coisas estão acontecendo ou que são verdadeiras e, depois, examinar as conseqüências do que imaginou. Por exemplo, Einstein descobriu que a velocidade da luz era constante imaginando uma situação na qual as pessoas observavam a luz de dentro de um trem em movimento.

Para dar nome ao seu gênio, você precisará imaginar que essas coisas são verdadeiras:

Você realmente tem um gênio. Não posso oferecer uma prova científica de que você tem um gênio. Posso falar apenas da minha experiência e da experiência de muitas pessoas que descobriram o seu gênio. Você provará ou não a si mesmo que tem um gênio. A única maneira que eu conheço para você fazer isso é envolver-se nessa experiência com o pensamento. Em outras palavras, continue lendo e faça os exercícios sugeridos nos capítulos seguintes. Caso duvide de que tem um gênio, tente deixar de lado a sua dúvida e fazer os exercícios dos próximos capítulos.

Você tem apenas um gênio. Em algum momento da experiência mental, você pode chegar a acreditar que tem dois ou mais gênios. A premissa da experiência é de que tem apenas um. Eu insisto nessa condição para forçá-lo a pensar mais profundamente a seu próprio respeito. Quando as pessoas concluem que têm mais de um gênio, é porque ainda não encontraram o seu verdadeiro gênio. Por exemplo, Lyall, que chama o seu gênio de "Pesquisando a Paisagem", primeiramente descobriu dois nomes para ele. Um era "Andando pela Paisagem", o outro "Procurando a Verdade". "Andando pela Paisagem" descrevia a sua tendência para procurar novas idéias, pensamentos e experiências. Quando ele percebeu que o seu passeio metafórico era em busca da verdade ou de novas idéias, e que a palavra "andando" era uma descrição demasiadamente passiva do que ele fazia, combinou os dois nomes em "Pesquisando a Paisagem".

O seu gênio tem estado com você a vida toda. Ele não é uma coisa passageira ou temporária, mas sempre tem estado com você. Ele é natural ao seu ser. Ao dar-lhe um nome, você estará reconhecendo que já o invocava, mesmo quando era uma criança pequena. Ele está sempre com você. Joyce, que chama o seu gênio de "Cavando mais Fundo", diz: "O meu gênio levanta-se de manhã antes de mim." Diana, cujo gênio é "Tomando Conta", diz: "Eu sei que o meu gênio sempre esteve comigo. Acho que ele é inegável e inevitavelmente a energia da minha alma."

O seu gênio é um presente que você dá a si mesmo e aos outros. Ele é o seu presente especial e específico para a Terra. Como você faz parte da Terra, também oferece esse dom a si mesmo.

O seu gênio é natural e espontâneo, e uma fonte de sucesso. Você o invoca com freqüência, mas provavelmente não nota isso. Ele vem tão naturalmente até você que lhe passa despercebido ou lhe parece óbvio. Porém, ele gera alegria e sucesso quando você o utiliza na situação certa.

O seu gênio é uma força positiva. Se você chegar a uma afirmação a respeito do seu gênio que lhe pareça negativa, ele não é o seu gênio. O seu gênio é uma força positiva, uma expressão do que é bom e certo a seu respeito. Às vezes, você pode invocá-lo inadequadamente ou com finalidades prejudiciais, mas ele, em si mesmo, é positivo. Não há dúvida de que o mal existe no mundo, mas o mal não é um produto de gênio. A existência de um "gênio do mal", de uma força brilhante, mas destrutiva, resulta em transformar o que é uma força positiva em fins negativos.

O nome que você dá ao seu gênio pode ser literal ou metafórico, mas ele deve conter apenas um verbo e um substantivo. O verbo deve ser progressivo, isto é, terminar com o sufixo -ando, -endo ou -indo. Isso serve para indicar que a ação expressa pelo verbo está em andamento. O seu gênio está trabalhando o tempo todo. Quando você lhe dá um nome literal, usa apenas um verbo e um substantivo. Os exemplos abaixo descrevem pessoas que escolheram um nome literal para o seu gênio. Suas histórias estão neste livro. Quando você ler esta lista e a outra depois dela, evite a tentação de dizer, "Este nome também está bom para mim." Passe por todo o processo de descobrir o nome que você quer dar para o seu gênio. O processo é mais de descoberta que de seleção a partir de uma lista. Eu calculo que já orientei umas mil pessoas por todo o processo de descobrir um gênio, e não consigo lembrar-me de ter ouvido o mesmo nome duas vezes. O seu gênio é o seu dom exclusivo, e eu o encorajo a descobrir o seu nome exclusivo para ele. Se um dos nomes abaixo toca você, encare isso como uma pista para o seu gênio, e não a palavra final. Mais uma vez, estes são exemplos de nomes literais.

O gênio de Francine é "Envolvendo o Coração".
O gênio de Joyce é "Cavando Mais Fundo".
O gênio de Martin é "Buscando Entendimento".
O gênio de Mike é "Descobrindo Conexões mais Profundas".
O gênio de Diana é "Tomando Conta".
O gênio de Melissa é "Ultrapassando Obstáculos".
O gênio de Dave é "Endireitando".
O gênio de Carmen é "Descobrindo o Positivo".
O gênio de Marcel é "Gerando Alternativas".
O gênio de Mandy é "Fazendo Funcionar".
O gênio de Ann é "Sentindo Profundamente".

Quando você dá ao seu gênio um nome metafórico, também usa um verbo e um substantivo, mas o nome pode ter mais de duas palavras e representar uma metáfora. Exemplos:

O gênio de Frank é "Buscando Pistas".
O gênio de Sam é "Gerando Calor".
O gênio de Myra é "Indo até o Fundo".

O gênio de Steve é "Abrindo Portas".
O gênio de Dan é "Mapeando o Rumo".
O gênio de Jose é "Montando o Cenário".
O gênio de June é "Preparando o Terreno".
O gênio de Lyall é "Pesquisando a Paisagem".
O gênio de Andrea é "Tornando Seguro."
O gênio de Marie é "Explorando Trilhas".
O gênio de Caroline é "Polindo Pedras Preciosas".
O gênio de Van é "Construindo o que Está Além".
O gênio de Marianne é "Preparando o Caminho".

O seu gênio não é o que você gostaria que ele fosse; ele é o que é. Esteja certo de que o nome que você escolhe descreve verdadeiramente o seu gênio, e não o que você pensa que ele deve ser ou o que você pensa que possa soar bem para os outros. Nas oficinas sobre o gênio patrocinadas pelas empresas, as pessoas geralmente dão ao seu gênio nomes mais ou menos como "Trabalhando em Equipe" ou "Assumindo Riscos". Esses nomes geralmente surgem quando a empresa que patrocina a oficina também está tentando encorajar o trabalho em equipe e a adoção de riscos. Você deve observar o que está por baixo desses eventos para descobrir o seu gênio. Por exemplo, sob o nome "Trabalhando em Equipe" deve haver algo como "Estabelecendo Conexões" ou "Gerando Energia".

Essas condições parecem restritivas, e realmente são. Elas são propositadamente assim para fornecer a definição da idéia de gênio. Descobrir o seu gênio e dar-lhe um nome é um processo criativo que irá beneficiar-se dessas restrições.

Descascando a Cebola

Dar um nome ao seu gênio é como descascar uma cebola. Você irá retirar as camadas externas. Essas camadas representam o seu comportamento, o que você diz ou faz, assim como os seus talentos ou habilidades. Você desenvolveu os talentos e habilidades de que mais gosta porque eles permitiram que o seu gênio se expressasse. Os seus interesses, criações e realizações também são expressões do seu gênio.

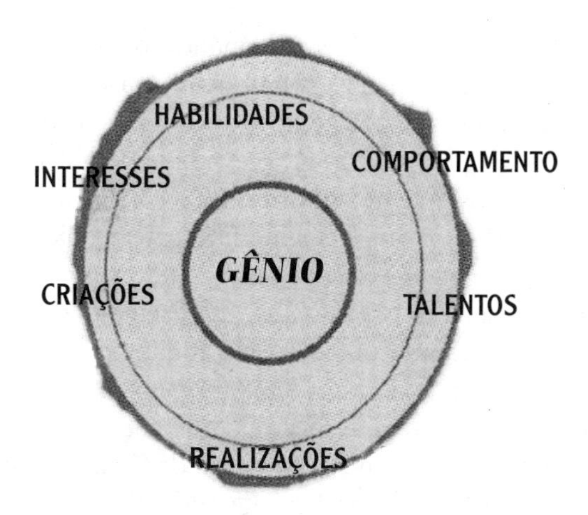

Por exemplo, eu chamo o meu gênio de "Criando Clareza". Desenvolvi habilidades em comunicação, escrita, fotografia e ensino porque tudo isso me permite criar clareza. O próprio gênio fica debaixo dessas habilidades e talentos, mais perto do centro da cebola.

Eu dei nome ao meu gênio dez anos atrás. Levei vários meses para chegar a um nome satisfatório. Por causa deste livro, você não deverá levar tanto tempo.

Dar um nome ao meu gênio ajudou-me a ver o meu trabalho e a minha vida com mais clareza. Criar clareza tem que ver com entender o mundo. Tem que ver com descobrir maneiras de absorver idéias e fenômenos complexos. Por exemplo, em meu trabalho como consultor de empresas e de pessoas preocupadas com o seu crescimento, desenvolvo modelos teóricos para explicar coisas assim como serviço ao consumidor, gerenciamento de carreira, objetivo da organização, auto-responsabilidade, liderança, trabalho em equipe e capacitação. Desenvolvo esses modelos de modo a poder compreender os fenômenos que são importantes para os meus clientes. Também descubro que os meus modelos são úteis a outras pessoas quando planejam processos e programas para lidar com essas questões. Minha habilidade para construir modelos está próxima da casca da cebola; ela se encontra na superfície e não é o meu gênio, que se encontra numa camada mais profunda.

Também adoro lecionar porque isso me ajuda a ter mais consciência — mais clareza — a respeito do assunto que estiver ensinando, qualquer que seja ele. Já ensinei matemática, psicologia, gerenciamento de carreira, mudança organizacional, teoria da administração, desenvolvimento de equipes e serviço ao consumidor. Gosto muito de ensinar alguma coisa quando sinto a necessidade de obter maior clareza a respeito. Ensinar, assim como criar modelos conceituais, também é uma habilidade que está próxima da superfície externa da cebola.

Dar nome ao meu gênio também ajudou-me a resolver outras questões relacionadas com o trabalho. Por exemplo, escrever costumava ser torturante para mim. Aprendi, como muitos de nós: "escreva o que sabe sobre...". Essa regra não funciona para mim. Ela soa como um paradoxo, mas preciso escrever a respeito do que não sei. Escrever é um processo de descoberta para mim; é um modo de Criar Clareza a respeito de algo sobre o que não tenho clareza. Quando alguma coisa é clara para mim, perco o interesse em escrever a respeito, e o processo é doloroso. Para escrever este livro, tive de abordá-lo com a atitude de quem escreve, antes de tudo, para descobrir novas facetas do gênio.

O meu gênio também funciona com relação aos meus *hobbies*. Sou um carpinteiro amador. Construí um *deck* em minha casa e terminei um banheiro de cedro. Não tenho planos de realizar nenhum desses projetos novamente. Sei muito bem como fazê-los e não tenho nenhum desejo de repetir essas experiências, mesmo que sejam agradáveis.

Também sou um fotógrafo amador que tenta criar imagens claras que resultem em perguntas. Uma de minhas fotografias favoritas mostra dois corredores, um homem e uma mulher, descansando nos degraus de uma igreja em Key West. Vestido com uma camiseta preta e *shorts*, o homem de cabelos escuros senta-se inclinado para a frente, com os cotovelos apoiados nos joelhos, o queixo descansando nas mãos, à sombra de uma árvore. Ela, por sua vez, está em pleno sol. Sua roupa de corrida é branca; o cabelo, loiro. Ela está inclinada para trás, com as pernas esticadas para a frente. Os olhos estão abaixados, mas ela está olhando para ele através das barras de ferro forjado da grade que os separa. Em resumo, as duas pessoas nessa foto são contrastes entre luz e sombra, aberto e fechado. A grade que está entre eles sugere uma barreira.

Quando as pessoas vêem essa foto reagem da mesma maneira que eu reagi na primeira vez em que a vi: "O que está acontecendo aqui?" Logo, o quadro fica mais claro, embora as conclusões a respeito do que está acontecendo na cena variem de pessoa para pessoa. Algumas concluem que as duas pessoas estão zangadas uma com a outra. Outras acham que ele a está ignorando, enquanto ela está tentando atrair sua atenção. Outros simplesmente vêem duas pessoas descansando.

Essa fotografia evoca em mim e nos outros o que o meu gênio é: olhar para algo familiar, mas que não é bem compreendido, e chegar a ter alguma clareza a respeito. Muitos dos meus fotógrafos favoritos são assim.

Minha carpintaria e minhas fotos também estão perto da superfície da cebola. Ambas são habilidades que desenvolvi em parte porque dão expressão ao meu gênio.

Você pode ver as semelhanças entre desenvolver um modelo teórico para explicar o serviço ao cliente, ensinar a respeito de vários assuntos, escrever sobre coisas que não entendo muito bem, construir um *deck*, principalmente pelo prazer de construí-lo, e tirar fotografias que forçam o observador a formular a pergunta "O que está acontecendo aqui?" e responder-lhe. Para mim, todos esses empreendimentos dizem respeito à mesma coisa: criar clareza.

Eu também vejo o meu gênio em ação nos meus relacionamentos. Meus amigos me dizem que recorrem a mim quando ficam confusos a respeito de alguma coisa. Não que eu tenha as respostas, mas sou bom nos processos que os ajudam a encontrar suas próprias respostas: ouvir, treinar, aconselhar, sintetizar informações, chegar a uma conclusão sucinta. Todas essas habilidades são estratégias para obter clareza que eu aprendi e pratiquei a fim de gerar clareza para mim mesmo. Elas também me ajudam a gerar clareza para os outros.

Espero que você perceba, ao ler sobre a minha experiência com o meu gênio, que dar um nome ao gênio traz muitos benefícios. Isso me permite explicar alguns dos meus momentos mais alegres e produtivos, oferecendo-me assim maior oportunidade para fazer com que se repitam. Isso explica muito da minha frustração e me permite, na melhor das hipóteses, evitá-la ou, na pior, compreendê-la. Dar um nome ao meu gênio também me permite ficar atento às minhas tentativas de ser uma força positiva no mundo e na vida das outras pessoas. Este livro é um resultado desse enfoque.

Dar um nome ao meu gênio também me ajuda a entender por que às vezes sou eficiente e às vezes não, e por que gosto de certas atividades e não de outras. Isso me ajuda a decidir em relação a que projetos é provável que eu me sinta bem e em que é mais provável que eu me saia bem.

Isso também ajuda a explicar por que os relacionamentos são satisfatórios ou problemáticos. Frank, cujo gênio é "Procurando Pistas", diz o seguinte: "Conhecer o meu gênio explica por que alguns relacionamentos simplesmente parecem funcionar bem e por que outros não funcionam, mesmo que eu e a outra pessoa estejamos falando a mesma língua. No passado, quando um relacionamento não funcionava, eu costumava ficar agoniado com isso. Haveria algo de errado comigo? Com a outra pessoa? Agora, eu vejo exatamente por que não funciona. Às vezes, sei o que fazer a respeito. Na maior parte das vezes, o que mudou é que eu me sinto menos inclinado a mudar a mim mesmo ou a querer que a outra pessoa mude."

Ao dar um nome ao seu gênio, você perceberá que ele está ativo em todos os domínios da sua vida: relacionamentos, trabalho, *hobbies*, crenças espirituais e vida em família. Você também terá um poderoso meio para ajudá-lo a fazer escolhas e a tomar as decisões importantes nessas áreas.

Por exemplo, Sam, que chama o seu gênio de "Gerando Calor", diz o seguinte a respeito do seu trabalho: "Uma vez, tive um emprego no qual eu era um completo fracasso. Durante anos, pensei que era porque havia algo errado comigo. Quando compreendi o meu gênio, pude ver que simplesmente aquele era o trabalho errado para mim. Ele não correspondia ao que era especial em mim. Eu era o próprio parafuso quadrado na porca redonda de que se fala no provérbio."

As atividades nas quais eu me engajo e que descrevi acima são a camada externa da cebola que tive de descascar para encontrar o meu gênio encoberto. Quando você tiver descascado todas as camadas de fora para encontrar o miolo — o seu gênio — terá uma sensação de descoberta, da descoberta que, como a cebola, poderá levá-lo às lágrimas, o tipo de lágrimas que você é capaz de chorar quando encontra um velho e precioso amigo que não vê há muito tempo.

Algumas pessoas conseguem dar nome ao seu gênio imediatamente depois de aprender o conceito, mas isso é muito raro. Mesmo que você ache que tem o nome certo agora, faça os exercícios dos capítulos que se seguem; você pode descobrir que precisa descascar mais a cebola. A maioria das pessoas precisa fazer todos os exercícios e, ainda assim, não encontra um nome que as satisfaça. Algumas chegam a um nome apenas para perceber, semanas ou meses mais tarde, que ele não é o certo. Esse é o processo de descascar a cebola, e não há nenhum atalho. Entretanto, ao longo do caminho, você descobrirá coisas fascinantes a seu respeito, e tenho certeza de que descobrirá que o ponto final — dar um nome ao seu gênio — vale o esforço.

Liberte o seu gênio. Retire-o do sótão. Continue criando e adotando todos os métodos que funcionam para você melhorar a sua vida, mas entenda que o sucesso desses métodos repousa em algo mais fundamental: no conhecimento do seu gênio.

Não permita que o seu gênio fique "lá preso, tornando-se cada vez mais solitário para sempre".

Trabalho de Detetive

Dar um nome ao seu gênio requer um trabalho de detetive. A resposta está em algum lugar. Você tem de encontrá-la.

Há três métodos para o trabalho de detetive. Eu os chamo de método Columbo, método Holmes e método Milhone, cada um evocando um detetive famoso.

Columbo, famoso na televisão, confiava na força da sua intuição e a utilizava para resolver crimes. Peter Falk, como Columbo, ficava de pé diante de um suspeito ou de uma testemunha, com a capa de chuva amarrotada esvoaçando ao seu redor, o charuto apagado na mão, procurando cuidadosamente a informação que desejava. Quando terminava, ele se voltava como quem estava indo embora e voltava atrás, coçando a cabeça com a mão que segurava o charuto de um modo que sempre me fazia ficar contente por ele não estar aceso.

"Só mais uma coisa. Você poderia responder a mais uma pergunta? Talvez não seja importante, mas..."

Sherlock Holmes, por sua vez, é todo observação, lógica e dedução. Ao concluir uma de suas aventuras, ele diz ao seu assistente, Watson:

> Uma inspeção da cadeira do criminoso revelou-me que ele tinha o hábito de ficar em pé em cima dela, o que naturalmente seria ne-

cessário para que alcançasse o ventilador. A visão do cofre, do pires de leite e do chicote bastou para dissipar quaisquer dúvidas que pudessem restar... Assim que tomei a decisão, você conhece os passos que eu dei para pôr em prova a questão.

Kinsey Milhone, a heroína dos romances de A a Z de Sue Grafton, parece tropeçar sem medo nas respostas em vez de intuí-las ou deduzi-las.

A chave fez ruído na fechadura e minha cabeça levantou-se como se tivesse sido chicoteada. O medo espalhou-se em mim como um choque elétrico, e o meu coração começou a bater tão forte que fez todo o meu pescoço pulsar. Minha única vantagem era que eu sabia a respeito deles antes que eles soubessem a meu respeito.

Isso é detecção por experiência.

Intuição, dedução e experiência são todos métodos que irão ajudá-lo a encontrar um nome para o seu gênio. As sugestões no final de alguns capítulos deste livro vão ajudá-lo no seu processo de detecção. Alguns deles fornecem dados que alimentam a dedução. Outros libertam os seus poderes de intuição. Outros, ainda, oferecem experiências, embora não o tipo de experiência de vida e morte que se impunha a Kinsey Milhone.

A maioria de nós adapta-se melhor a um método que outros. Na verdade, os três detetives utilizaram os três meios de detecção. Tente os meios que não parecem naturais para você, bem como os que lhe parecem mais fáceis.

O próximo capítulo descreve um desses meios: a observação. Aprender o que observar irá ajudá-lo a começar a descobrir um nome para o seu gênio. Não se preocupe se não tiver plena certeza do que o gênio de fato é. Ele será definido mais claramente no capítulo 3.

2

Observando

Como posso ser útil, que utilidade posso ter?
Há algo dentro de mim: o que poderá ser?

— VINCENT VAN GOGH

Em 1926, os físicos Werner Heisenberg e Neils Bohr passaram muitas longas noites em Copenhague discutindo e pensando sobre as teorias recém-descobertas da mecânica quântica. Em fevereiro de 1927, Bohr decidiu ficar livre daquilo tudo e ir esquiar na Noruega. Heisenberg ficou feliz em ser deixado lá onde, como ele dizia, "Eu podia pensar a respeito desses problemas irremediavelmente complicados sem ser perturbado."

Em seus textos sobre esse período de solidão, Heisenberg descreveu os obstáculos que encontrou diante dele como insuperáveis. Ficou imaginando se ele e Bohr não teriam feito as perguntas erradas. Tentou estabelecer ligações entre fatos que aparentemente eram mutuamente excludentes.

Ele se lembrou de algo que Einstein lhe havia dito: "É a teoria que decide o que podemos observar." Heisenberg escreveu:

> Convenci-me de imediato de que a chave para o portão que se havia fechado há tanto tempo devia ser procurada bem ali. Decidi dar um passeio noturno pelo Faelle Park e pensar mais a respeito do assunto.

Foi nesse passeio que Heisenberg formulou o que hoje é chamado de "princípio da incerteza" da mecânica quântica. Foi um grande avanço que mudou o mundo da física.

Mais tarde, ele escreveu que a sua teoria "construía a ponte há muito tempo procurada".

Nunca saberemos como Heisenberg teria descrito o seu gênio. Podemos, porém, tentar adivinhar observando o seu comportamento e a maneira como ele o descreve. Ele está Transpondo Obstáculos. Está Estabelecendo Ligações. Está Procurando a Chave e Construindo a Ponte.

A coisa mais simples que você pode fazer para dar nome ao seu gênio é observar a si mesmo da mesma maneira que acabamos de observar o processo de Heisenberg e o modo como ele o descreveu.

Particularmente, observe o que você faz quando não está observando o que faz. Sim, isso parece ser um paradoxo: *Observe o que você faz quando não está observando o que faz.*

O seu gênio chega espontânea e facilmente; ele é tão natural para você que você talvez nem o note. Portanto, comece a observar!

Observar é um modo eficiente de gerar informações a respeito do seu gênio porque isso requer que você preste atenção em informações que geralmente ignora. Prestar atenção em informações que você geralmente ignora irá capacitá-lo a ver as coisas de maneira diferente. Por exemplo, quando ofereço consultoria a empresas, geralmente estou consciente de que muitos gerentes prestam atenção em apenas um tipo de informação: a intelectual, formada por pensamentos, idéias e números. Usualmente, eles ignoram as informações emocionais, mesmo que estejam bem à sua frente. O modo como as pessoas se sentem a respeito do trabalho e do que acontece no seu local de trabalho tem um enorme impacto sobre o seu desempenho. Prestar atenção na informação emocional freqüentemente força os gerentes a administrar de um modo muito diferente do que comumente administram, porque eles passam a ver coisas que normalmente não vêem.

Não sei qual é a origem do texto abaixo, mas ele vem sendo um forte lembrete para mim sobre a importância de observar o que eu geralmente não observo.

Se eu continuar a absorver dados como sempre absorvi dados,
Então continuarei a pensar como sempre pensei.
Se continuar a pensar como sempre pensei,

Então continuarei a acreditar como sempre acreditei.
Se continuar a acreditar como sempre acreditei,
Então continuarei a agir como sempre agi.
Se continuar a agir como sempre agi,
Então continuarei a conseguir o que sempre consegui.

Esse texto sugere que usar tipos de informação diferentes daquele que você normalmente usa abre as portas para a mudança em sua vida. As histórias contadas neste livro, a respeito de pessoas que passaram a conhecer os seus gênios, atestam a profunda diferença que o conhecimento pode fazer. Porém, isso requer o exame de novos dados.

Dar nome ao seu gênio oferece uma maneira de ver a si mesmo diferente da maneira como você normalmente se vê, criando uma nova idéia a seu respeito. Por causa dessa nova idéia, você pode agir de maneira diferente. Por causa dessa ação diferente, você pode conseguir algo diferente do que sempre conseguiu. Para pôr em movimento essa cadeia de causalidades, você terá de prestar atenção a informações diferentes. Poderá ter de observar coisas a seu respeito que geralmente acredita que são garantidas.

Dave: “Endireitando”

Dave é engenheiro químico. Quando o encontrei, ele tinha ocupado uma posição de gerência numa empresa química por dois anos. Entediado com o trabalho e preocupado com esse tédio que começava a influenciar o seu desempenho, Dave foi a um seminário sobre desenvolvimento de carreira para ver o que iria fazer em seguida.

Dar nome ao gênio era uma característica central daquele seminário e, no primeiro dia e meio, Dave buscou o seu gênio com muito entusiasmo mas pouco sucesso. Depois do intervalo para o almoço no segundo dia de seminário, ele voltou para a sala de reuniões. Na sala, havia um suporte com um grande bloco de papel. O bloco havia sido enrolado antes de ser colocado no suporte, e não ficava liso. Na sala, também havia uma grande planta num vaso, que tinha sido entortada e que estava arqueada.

Dave entrou na sala, foi até o suporte de papel e alisou-o com a mão, depois foi até a planta e endireitou-a; pôs em ordem algumas cadeiras e sentou-se. Eu chamei a atenção dele para o que ele havia feito. Ele realmente não tinha observado o seu comportamento, já que lhe parecia muito natural ajeitar o suporte de papel, endireitar a planta e arrumar as cadeiras. Ele não pensava muito a esse respeito. Apenas fazia.

Esse tipo de comportamento é geralmente uma pista para o gênio; ele é espontâneo, não planejado, e freqüentemente levado adiante sem consciência.

Dave então começou a estabelecer ligações entre o seu comportamento com o suporte de papel, a planta, as cadeiras e outros aspectos de sua vida. Ele contou a respeito da oficina que tinha em casa, contou que gostava muito de organizar as ferramentas e materiais assim como tudo o mais que fazia lá dentro. Ele também falou a respeito dos seus primeiros dias no emprego atual, quando encontrou em desordem o grupo que gerencia. Dave falou sobre o modo como havia arrumado a bagunça que encontrou ali e sobre como agora as coisas estavam correndo bem.

A partir dessa discussão, Dave chegou a um nome para o seu gênio: "Endireitando." Endireitar é o que ele havia feito com o suporte de papel, a planta e as cadeiras. É o que ele havia feito em sua oficina doméstica e no início do seu emprego. Dave também percebeu o que havia de errado com o seu emprego no momento: não havia mais nada para endireitar, de modo que ele se sentia entediado.

Dar nome ao seu gênio era um marco importante na carreira de Dave, porque ele percebeu que era mais feliz e tinha mais sucesso em empregos nos quais havia muitas coisas para endireitar. Ele resolveu procurar empregos e tarefas que lhe permitissem dar o melhor de si.

Fui eu que observei o comportamento de Dave. Agora, ofereço o exemplo de uma pessoa que observou a si mesma.

June: "Preparando o Terreno"

Durante um seminário semelhante ao que Dave freqüentou, June notou que tomava notas de um modo mais abrangente e mais disciplinado do que todas as outras pessoas. Também observou que era ela que sugeria que o grupo fizesse uma lista de nomes e números de telefone, de modo que as pessoas pudessem ligar umas para as outras depois do seminário. Esse comportamento era familiar para June. Ela o relacionava a dois passatempos: costura e jardinagem. June não é uma costureira esforçada, mas gosta de comprar moldes e tem uma gaveta cheia deles. Ela acha que nunca usará todos os moldes, mas gosta da presença deles no seu apartamento. Eles estão disponíveis quando ela sente vontade de costurar. Como jardineira, ela gosta muito mais de planejar e preparar o jardim e plantar as sementes do que de cuidar dele e, mais ainda, do que colher o que planta.

June trabalha para uma grande organização que está passando pela turbulência hoje comum a muitas empresas. Embora tenha recebido treinamento para ser analista de sistemas, ela aceitou um compromisso temporário com uma equipe que a empresa formou para ajudá-la a atravessar esse processo de mudanças turbulentas. O trabalho da equipe envolvia programas líderes de treinamento, e ajudar outras equipes tornou-se mais eficiente. June gostava muito desse trabalho e estava numa mudança de carreira.

Quando June se viu tomando notas e organizando uma lista de telefones, iniciou uma longa e ponderada jornada para dar nome ao seu gênio. Ela chegou ao nome "Preparando o Terreno". Ela toma notas copiosamente porque pretende utilizá-las como uma plataforma para o seu aprendizado. Ela quer tê-las para consulta. A lista de telefones era, para June, um programa sobre o qual criaria uma rede de pessoas engajadas no trabalho de dar nome a seus gênios. Sua gaveta cheia de moldes era um material com o qual ela poderia contar quando tivesse vontade de costurar. Como jardineira, ela sentia o maior prazer preparando os canteiros, aprontando o solo e plantando as sementes. E a razão pela qual o novo trabalho de June era tão apaixonante era que ela via a si mesma preparando o terreno para a futura prosperidade da sua empresa. E ela faz isso não apenas em proveito próprio, mas gostaria de fazer o mesmo em proveito dos outros.

Dar um nome ao seu gênio ajudou June a fazer uma importante escolha de carreira. Quando ela percebeu como o trabalho de ser um agente de mudanças numa organização ligava-se ao mais profundo sentido de sua missão na vida, ela assumiu o compromisso de buscar esse novo caminho profissional.

Estabelecendo Conexões

Observar é crucial para dar nome ao seu gênio. Contudo, como mostram as experiências de Dave e June, observar em si mesmo não basta. O que você faz com o que observa é igualmente importante.

Tanto Dave como June foram capazes de relacionar o que observaram com outros aspectos de suas vidas. Dave relacionou o seu comportamento em classe com a sua oficina e o seu emprego. June relacionou a criação de uma lista de números de telefone com seus passatempos e seu novo compromisso de trabalho. Seu trabalho e seus passatempos contêm importantes pistas para identificar o seu gênio; especialmente os seus passatempos, porque eles são escolhidos com mais liberdade do que o seu trabalho.

Depois de estabelecer essas relações, pergunte a si mesmo: "O que é semelhante em todas essas atividades ou comportamentos?" E depois: "O que mais me agrada em todas essas atividades ou comportamentos?" Pergunte também: "Que presente estou oferecendo a mim mesmo ou aos outros?"

A observação chama a sua atenção para o comportamento e as atividades da superfície. O seu gênio é uma corrente que fica abaixo da superfície. Ele geralmente pode ser detectado na relação que existe entre as suas intenções, nas situações e circunstâncias que aparentam ser diferentes.

O Seu Gênio Está Atrapalhando o Seu Caminho?

A esta altura, você pode acreditar que você tem o nome certo para o seu gênio. Se for esse o caso, tente dizer em voz alta: "O meu gênio é ________." Observe como se sente. Você se sente bem ou existe alguma dúvida incômoda pairando no ar? O que quer que aconteça, confie nela. Embora algumas pessoas realmente descubram qual é o seu gênio muito rapidamente, a maior parte delas passa por dois ou três nomes antes de sentir-se bem. Não se preocupe com isso. Aceite o nome que você tem agora para o seu gênio, se tiver um, e continue com o próximo exercício. Se ele estiver certo, você irá se sentir bem à medida que continuar. Se não, chegará mais perto do nome correto.

Um aviso: às vezes, o desempenho de um gênio torna difícil a tarefa de dar-lhe um nome. Por exemplo, Marcel, cujo gênio é "Gerando Alternativas", teve muita dificuldade para dar um nome ao seu gênio. Assim que achou que tinha o nome certo, ele imediatamente começou a considerar alternativas. Quando observou a si mesmo fazendo isso, o nome correto ficou óbvio para ele.

Myra, cujo gênio é "Indo até o Fundo", tinha uma dificuldade semelhante. Cada vez que se decidia por um nome, ela procurava outro por baixo dele. Ela também observou o que estava fazendo.

Naturalmente, também há gênios que facilitam essa tarefa. Mike, por exemplo, chama o seu gênio de "Descobrindo Conexões mais Profundas". Ele gostou muito de todo o processo de estabelecer as relações que o levaram ao nome do seu gênio e chegou a esse nome rapidamente. Mais uma vez, o truque é observar o que você está fazendo quando tenta dar um nome ao seu gênio.

Como Saber Se Você Acertou?

"Como saberei quando tiver acertado?" é a pergunta que muitas pessoas fazem a esta altura.

A resposta é que, quando você acertar, saberá que está certo. Já observei muitas pessoas dando nome a seus gênios. Quase sempre, quando elas acertam, sabem disso, e posso ver que sabem. Um olhar de reconhecimento e prazer espalha-se por seus rostos. É como se elas estivessem olhando num espelho, vendo a si mesmas claramente pela primeira vez, e realmente gostando do que estão vendo. Fique atento para essa sensação. Quando ela chegar, você saberá que acertou. Tenho mais a dizer a esse respeito num capítulo posterior.

O Que o Seu Gênio Não É

O seu gênio não é "Ajudando os Outros" ou "Fazendo o Bem". Por definição, o seu gênio é um dom que você tem para oferecer. A questão é "Qual é o seu modo especial de ajudar os outros ou de fazer o bem?"

Embora nomes como "Ajudando os Outros" ou "Fazendo o Bem" não descrevam o seu gênio, o seu desejo de escolhê-los como nomes para ele pode ser uma pista valiosa. Por exemplo, Anne, a princípio, acreditava que o seu gênio era "Ajudando os Outros". Quando foi desafiada a descascar ainda mais a cebola, percebeu que o seu verdadeiro gênio era "Sentindo Profundamente"; e como ela sente as coisas profundamente, estabelece empatia com os outros com facilidade e quer ajudá-los. Como regra, palavras como "outros" e "pessoas" não fazem parte do seu gênio. Lembre-se de que qualquer dom que você tenha também é um presente para você.

Aha!

Outra lição a ser aprendida com a história da famosa caminhada de Heisenberg pelo parque diz respeito à natureza do processo de descoberta. Heisenberg e seus associados há meses vinham se preocupando com o problema que tinham em mente, estudando-o, lendo a respeito dele e conversando uns com os outros. Podemos dizer que eles estavam tentando jogar o problema no ringue. Então, Heisenberg largou mão, e a resposta apareceu.

Esse "largar mão", "sair do problema", geralmente é necessário para se dar o salto criativo que produz a experiência da descoberta.

Os especialistas em criatividade explicam esse fenômeno como um produto do inconsciente procurando atingir o consciente. Enquanto você está usando conscientemente os recursos que eu forneço para você encontrar um nome para o seu gênio, o seu subconsciente está trabalhando no mesmo sentido. Abrir mão dos seus esforços, parar o processo consciente de coletar dados a respeito do seu gênio, pode permitir que o subconsciente forneça-lhe o nome que você deseja.

Mike descobriu o nome do seu gênio enquanto estava correndo. Melissa descobriu o dela num sonho. Steve estava preguiçosamente sentado num barco, pescando trutas.

Quando você usar esses recursos, abasteça a sua mente consciente com dados. Então, abandone tudo isso por algum tempo. A descoberta, o "Aha!", é a sua mente subconsciente vencendo a tagarelice da sua mente consciente. Você não pode forçar para que isso aconteça. Tudo o que pode fazer é distrair-se com uma atividade que faz a mente relaxar, como dar um passeio, tomar um banho ou tirar uma soneca.

Sugestões Para a Sua Observação

Use um dia ou dois (ou mais) para observar os meios descritos a seguir.

O próximo capítulo descreve as muitas facetas do gênio. Sua intenção é aprofundar o seu entendimento acerca do conceito de gênio, e não necessariamente ajudar a encontrar um nome para ele. No capítulo 4, voltaremos a tratar de encontrar um nome para o seu gênio. Assim, você pode usar os meios sugeridos abaixo enquanto lê o próximo capítulo. Lembre-se: não é necessário usar todos esses meios. Sugiro que você leia a respeito de todos e escolha os que mais o atraem. Se depois de ler os primeiros sete capítulos você não tiver chegado a um nome para o seu gênio, volte aos meios que não utilizou.

- **OBSERVANDO**

  Qual é a primeira coisa em que você pensa quando entra numa sala?
  Qual é a primeira coisa que faz quando entra numa sala?
  Quando você está em grupo, o que faz para contribuir com o grupo?
  O que você acrescenta à conversa com outras pessoas?
  O que você gosta de fazer quando está sozinho?

- **PERGUNTE: "POR QUÊ?"**

Pergunte a si mesmo "Por que estou fazendo o que descobri que estou fazendo?" Pergunte sem julgar, com curiosidade a seu respeito. Olhe para si mesmo com delicadeza, sem crítica, em vez de lançar um olhar duro e crítico sobre você.

Não deixe que a pergunta "Por que estou fazendo o que descobri que estou fazendo?" o leve a analisar o passado ou a condenar suas razões. Apenas seja curioso. Lembre-se de que o objetivo de todos esses meios é reunir informações, e não analisá-los ou julgá-los.

Se a pergunta parece levá-lo a um julgamento ou crítica, tente perguntar: "O que eu estou tentando criar ou com o que estou tentando contribuir?"

- **O SEU DOM**

Qual é o dom que você oferece repetidamente aos outros? Por exemplo, Dave, que chama o seu gênio de "Endireitando", ajeitou a planta, o suporte de papel e as cadeiras para as pessoas que logo o acompanhariam à sala. June, fiel ao seu gênio, "Preparando o Terreno", criou uma lista com os endereços das pessoas que participaram da reunião.

- **CONECTANDO-SE**

Examine suas respostas às perguntas acima e suas anotações sobre o que você observa a seu respeito. Há semelhanças? O seu gênio é uma corrente subterrânea que passa por baixo da superfície de sua vida. Essa corrente geralmente pode ser detectada quando você observa como, em muitas situações aparentemente diferentes, engaja-se na mesma atividade que está por trás do seu comportamento.

Lyall, cujo gênio é "Pesquisando a Paisagem", lê muito, viaja muito e conversa com muitas pessoas. Os livros, os lugares que visita e as pessoas que encontra são as suas paisagens. Quando ele lê, viaja e conversa, está buscando marcas importantes, como se fosse um pesquisador.

- **AS COISAS DE QUE VOCÊ GOSTA**

Enumere as vinte coisas que você mais gosta de fazer. Não se angustie com essa lista: escreva rapidamente. Não é importante que a lista fique perfeita. Quando tiver terminado, observe a lista, perguntando: "O que há de comum entre essas atividades?"

- **É NATURAL**

Enumere atividades ou comportamentos que pareçam ser naturais em você. Mais uma vez, não se angustie com a lista: escreva rapidamente. Você vê algo em comum nas atividades que enumerou?

- **HABILIDADES**

Enumere as habilidades que desenvolveu ou praticou na sua vida. Para cada atividade, enumere respostas à pergunta: "O que essa habilidade realiza?" Surge algum padrão a partir dessa lista?

- **OBSERVANDO O MODO DE AGIR**

O seu gênio está ativo quando você faz tentativas de dar-lhe um nome. Observe o seu modo de agir enquanto vai fazendo essas tentativas. Isso será particularmente útil se você perceber que está parado ou se está criando muitos nomes sem ter nenhuma sensação de que estão certos. Lembre-se da dificuldade que Marcel encontrou porque o seu gênio, "Gerando Alternativas", levou-o a considerar uma alternativa depois da outra.

• O USO DE IMAGENS

Uma de minhas esculturas favoritas é "O Pensador" de Rodin e, na minha escrivaninha, tenho uma pequena estátua africana de uma pessoa em profunda contemplação. Uma pequena estátua de estanho representando Merlin, com sua bola de cristal, coruja e varinha mágica, também está na minha escrivaninha. Essas duas estatuetas, que recebi de presente, são representações do meu gênio, "Criando Clareza". Os amigos que as deram para mim conhecem muito bem o meu gênio e o apreciam. Eles me reconhecem nessas figuras. Os dois disseram "Isso me fez lembrar você" quando me deram as estátuas.

Observe que imagens o atraem. Particularmente, observe imagens de pessoas: fotos, quadros, desenhos, esculturas. Você pode identificar-se com alguma das pessoas nessas imagens? O que elas estão fazendo? O que você acha que elas estão extraindo do que estão fazendo? O que elas estão fazendo que as outras pessoas apreciam? De que maneira você se identifica com elas?

Imagine-se no lugar das pessoas que o atraem nessas imagens. Escreva um breve relato do que você está fazendo no lugar dessas pessoas. Procure no seu relatório as palavras que servem de pistas para o seu gênio. Que dom você oferece à situação configurada na imagem?

• A CRIAÇÃO DE IMAGENS

Desenhe, pinte, esculpa, trabalhe com *crayon* ou pinte com o dedo o seu gênio. Ponha uma música para tocar e dance do modo como o seu gênio dança. Pegue um instrumento musical e toque do modo como o seu gênio toca. Quando você faz essas coisas, poderá ver o seu gênio. Se você o vir, poderá dar um nome a ele.

• PROJEÇÃO

Se você tem cartas de tarô ou algum outro método de adivinhação, pode usá-los de um modo diferente daquele que normalmente usa para obter pistas a respeito do seu gênio. Em vez de selecionar um ao acaso, escolha um que o agrade. O que ele lhe diz a respeito do seu gênio?

• O GÊNIO DE JOHN LENNON

Dar um nome ao seu gênio e decidir por si mesmo o que esse espírito é exatamente não precisa ser uma tarefa difícil. Tenha prazer nela. Um modo de fazer isso é brincar com a idéia de gênio, tentando dar um nome aos gênios de personagens históricas, assim como eu fiz com Werner Heisenberg no início deste capítulo. Qual era o gênio de John Lennon? A respeito de que figura histórica você tem informação suficiente para poder adivinhar qual é o gênio dele?

Condições da Experiência

- Você tem um gênio.
- Você tem apenas um gênio.
- O seu gênio tem estado com você a vida toda.
- O seu gênio é um dom que você oferece a si mesmo e aos outros.
- O seu gênio é natural e espontâneo, e uma fonte de sucesso.
- O seu gênio é uma força positiva.
- O nome que você der ao seu gênio pode ser literal ou metafórico, mas ele deve conter apenas um verbo e um substantivo.
- O seu gênio não é o que você gostaria que ele fosse; ele é o que é.

3

O Que É o Gênio?

> Nenhum homem... pode ser um gênio; mas todos os homens têm um gênio a ser servido ou desobedecido conforme o risco que queiram correr.
>
> — ANANDA COOMARASWAMY

O que eu entendo pelo conceito de gênio mudou durante os anos em que o estudei. Minha primeira idéia acerca do gênio era mais mecanicista; eu pensava nele como um processo que ocorria dentro de mim, parte psicológico e parte físico. Como a minha percepção espiritual aumentou e se aprofundou, o que eu entendo por gênio ficou mais espiritual. Este capítulo explica todas as maneiras como entendi o gênio. Elas não são contraditórias, mas complementam-se, cada definição acrescenta às outras novas idéias e profundidade ao significado.

Leia os próximos parágrafos e decida que maneira de pensar sobre o seu gênio faz mais sentido para você agora. Não importa por onde você começa, importa apenas que comece. À medida que você progride na tarefa de dar nome ao seu gênio e aprende a respeitá-lo, o seu modo de pensar sobre ele pode mudar novamente, assim como o meu mudou.

Problemas e Mistérios

Quando você ler as várias crenças a seguir a respeito do gênio, tenha em mente que há uma diferença entre um problema e um mistério.

Um problema presta-se à análise intelectual e à quantificação. Os problemas geram soluções. Os mistérios, porém, não têm solução. Eles envolvem questões para as quais não há respostas objetivas; não há respostas para além das respostas que criamos a partir da crença e da fé. Os mistérios pedem para ser explorados. O que é o belo? O que é Deus? Qual é o significado da minha vida? Eu sou livre ou a minha vida é predeterminada? O que significa ser só? Esses são mistérios, porque temos apenas as perguntas que fazemos e as respostas que criamos e nas quais acreditamos.

As pessoas diferem em suas explicações acerca dos mistérios, e todas podem ser corretas porque não há um "certo" supremo. Assim como os problemas geram soluções, os mistérios geram crenças. O gênio é um mistério. Ele é isso? Ou aquilo? Ninguém sabe ao certo, embora em diferentes épocas e lugares, os povos de diversas culturas tenham tido crenças a respeito do gênio ou de algo bem semelhante.

O meu desejo é de que as crenças a respeito do gênio descritas a seguir estimulem as suas próprias crenças a respeito do seu gênio.

Processo-Chave

A primeira vez em que ouvi falar no gênio foi por intermédio do meu amigo e colega, Calvin Germain, que o chamou de "Processo-Chave". Calvin descreveu o Processo-Chave como a seqüência espontânea e única de eventos que ocorrem dentro de você quando você encontra informações do mundo exterior e reage a esses dados.

Para compreender a idéia do Processo-Chave, imagine-se como uma caixa. Dentro dela, há alguma atividade acontecendo. Os dados entram na caixa por um lado. Algo acontece aos dados dentro dela e algo sai da caixa pelo outro lado. O que acontece dentro da caixa é o Processo-Chave. Para mim, Processo-Chave envolve esquadrinhar o mundo em busca de coisas que eu quero compreender, e então passar pelo processo de compreendê-las. O meu modo abreviado de dizer isso é Criando Clareza.

Embora eu agora prefira chamá-la de gênio, ainda acho que a noção do Processo-Chave é útil. Ela evoca a idéia de que o gênio reside no meu centro, no próprio centro de quem eu sou. Ela também reconhece o gênio mais como um processo contínuo do que como um resultado.

Força Natural

Embora a idéia de Processo-Chave tenha me servido bem durante as primeiras fases do meu aprendizado a respeito do gênio, o termo parecia ser falho de algum modo. Durante um seminário no qual o gênio (eu ainda o chamava de Processo-Chave na época) era uma característica central, uma mulher educada na tradição hindu disse que esse conceito parecia muito semelhante ao que ela denominava Dharma. Ela descreveu o Dharma como a qualidade essencial de uma pessoa.

Em *As sete leis espirituais do sucesso*, Deepak Chopra descreveu a sua sétima lei como a Lei do Dharma. Segundo essa lei, cada um de nós tem um talento especial para expressá-la. Chopra escreveu o seguinte:

> A Lei do Dharma diz que todo ser humano tem um talento exclusivo. Você tem um talento que é especial na sua expressão, tão especial que não há outra pessoa neste planeta que tenha esse talento, ou a expressão desse talento. Isso significa que há algo que você pode fazer, e um modo de fazer isso que é melhor do que qualquer pessoa é capaz de fazer em todo o planeta.

Esse talento, o modo que você o expressa, é o seu gênio.

Antes de aprender a respeito do Dharma, eu não encarava o Processo-Chave como essencial; eu apenas o entendia como algo natural.

A diferença entre "essencial" e "natural" passou a ser importante para mim porque, no termo "essencial", eu sinto um imperativo que não sinto no termo "natural". A diferença é aquela que existe entre "é natural que eu faça isso" e "é essencial que eu faça isso!"

Essa distinção é expressa no início deste capítulo numa citação de Ananda Coomaraswamy, lingüista, filósofa e especialista em História da Arte.

Embora eu conheça o meu gênio há quatorze anos, houve um período de quase quatro anos durante o qual eu o ignorei inteiramente.

Esse período iniciou-se quando alguma parte inconsciente, profunda em mim mesmo, reconheceu que o meu casamento não estava indo bem. Como não se tratava do meu primeiro casamento, eu queria muito que ele desse certo — eu não queria "falhar" de novo — mas senti uma confusa e dolorosa falta de clareza a respeito do que estava acontecendo. Para mim, falta de clareza a respeito de algo tão importante como o casamento é devastador. Eu também acreditava que a minha mulher contribuía significativamente para a minha confusão e que eu não podia esperar que isso mudasse. Lembro-me claramente do momento em que, sentado nos degraus de nossa casa, decidi que tinha de parar de tentar Criar Clareza quanto à situação. Minha saúde mental exigia isso. Não posso afirmar que eu sabia exatamente o que estava fazendo na época. Com a vantagem da compreensão tardia, hoje eu sei que eu negava o meu gênio porque me sentia frustrado no meu casamento, e essa frustração estava ficando dolorosa demais.

Vivi essa negação por mais ou menos quatro anos. O meu gênio descobriu expressão no meu trabalho; por isso, trabalhei como jamais havia trabalhado antes e como jamais trabalharei novamente. No final desse período, trabalhei num projeto que exigiu, mais uma vez, que eu ensinasse a respeito do gênio e, ao fazê-lo, redescobri o meu próprio. Logo em seguida, o meu casamento terminou.

Não quero sugerir que a negação ou a violação do meu gênio seja o único motivo pelo qual o meu casamento não deu certo. Há muitas lentes que podemos colocar na nossa câmara perceptual quando encaramos a vida. Há lentes psicológicas, que nos ajudam a compreender coisas assim como o efeito da nossa família de origem ou as nossas próprias forças e fraquezas. Há lentes religiosas, políticas e filosóficas, que fornecem diferentes visões da realidade. Quanto mais lentes possuímos, mais capazes seremos de lidar com os desafios da vida e de fazer de nós mesmos as melhores pessoas que pudermos ser. Conhecer o seu gênio é adquirir mais uma lente para o seu repertório, e isso era um modo de ver o que aconteceu com o meu casamento.

Eu realmente quero dizer que a situação do meu casamento era tóxica para o meu gênio e que isso tornou o casamento intolerável para mim. Em outras palavras, eu era incapaz de respeitar o meu gênio no meu casamento, de modo que tive de terminá-lo.

Durante a negação do meu gênio por quatro anos, eu também adotei um estilo de vida que me ajudou a manter a minha recusa. Viajava mais do que era saudável para mim e, freqüentemente, me sedava com álcool. Avaliava a minha vida conforme o dinheiro que ganhava e as milhas de vôo que acumulava. Parei de escrever. Escrever é um ato muito pessoal para mim, e eu simplesmente não conseguia me aproximar de mim mesmo nem passar comigo o tempo que é necessário para escrever. Eu não via nada disso na época; essa é a natureza da negação. Desde que redescobri o meu gênio, tive de mudar esses hábitos porque eles não o respeitam. Respeitar o meu gênio passou a ser um teste para verificar se a minha vida é saudável ou não. Eu procuro amigos e atividades que o levem em conta e evito pessoas e situações que são tóxicas para ele. Como você sabe, estou escrevendo novamente.

A tarefa de respeitar o seu próprio gênio pode levá-lo a descobrir aspectos da sua vida que exigem mudança. Para falar num tom mais otimista, você pode descobrir por que tudo parece estar certo para você agora, e você irá aprender mais a respeito de como manter essa sensação. Eu não quero assustá-lo passando a idéia de que respeitar o seu gênio será doloroso ou causará uma enorme ruptura na sua vida. Isso pode acontecer e pode não acontecer. Se acontecer, pelo menos você terá um teste para as mudanças que quer fazer. O teste é: essa mudança respeita o meu gênio?

O Gênio É Essencial

Numa tarde de conversa estimulante, um novo amigo disse-me que queria escrever um livro. "Eu tenho de fazer isso", disse ele. "Estou convencido de que esse livro está dentro de mim e de que vai me destruir se eu não o deixar sair." Ele disse isso com muita convicção e paixão, e também com um pouco de desespero. O seu gênio é como o livro do meu amigo. Ele quer que o deixem sair, quer ser libertado para servir ao mundo. Ele é essencial — essencial para o mundo e para você.

Depois do meu encontro com a senhora indiana, comecei a me referir ao "gênio", embora na época não tivesse absoluta certeza do que o termo significava. Simplesmente parecia certo. Comecei a ler a respeito do conceito de "gênio" e, quanto mais descobria, mais gostava do termo.

Você pode sentir em tudo isso a minha tentativa de Criar Clareza?

A definição de gênio oferecida pelo dicionário, que é mais adequada ao modo como estou usando essa palavra, é "uma habilidade ou capacidade natural". Essa definição me ajudou a compreender o meu gênio como uma parte natural de mim, no sentido de que ela vem naturalmente. O meu gênio está sempre de prontidão, buscando oportunidades para se manifestar.

Outra definição de dicionário é "forte inclinação". Estou fortemente inclinado em relação ao meu gênio, assim como você está em relação ao seu, embora você possa não estar consciente dessa inclinação até dar um nome a ele. Contudo, as definições de gênio no dicionário não dão conta do significado que eu tenho em mente porque ele não descreve a verdadeira qualidade do gênio. Ele não nos diz: "Que tipo de habilidade é essa?"

O Gênio na Grécia e na Roma Antigas

Uma resposta a essa questão pode ser encontrada na mitologia da Grécia e da Roma antigas. Os romanos, como foi mencionado no início do capítulo 1, pensavam no gênio como um espírito que nascia quando uma pessoa nascia e que ficava ligado à pessoa por toda a vida. Ele desempenhava um papel em todos os principais acontecimentos de sua vida: nascimento, casamento, morte, e assim por diante. Era uma força que gerava esperança e uma fonte de otimismo. Seu cuidado principal era manter a vida da pessoa. A forma feminina chamava-se *juno*.

Esse gênio era ao mesmo tempo uma força interior e um guia espiritual a ser seguido. Ele não habitava totalmente dentro nem totalmente fora da pessoa.

Na mitologia grega, o gênio chamava-se *daimon*. Acreditava-se que ele era um ser semidivino ou um semideus, fruto de um progenitor divino e de um progenitor humano.

Platão escreveu que, na criação, cada alma vem antes das três Parcas, as deusas do destino. A primeira é Láquesis.

> E ela enviou junto a cada um, como guardião de sua vida e realizador de sua escolha, o gênio que ele havia escolhido, e essa divindade conduzia a alma pela mão primeiramente a Clotho, a fiandeira, para ratificar o seu destino e a sua escolha; e depois de estabelecer contato com o seu gênio novamente, conduzia a alma a Átropos, para tornar a teia do seu destino irreversível. E, então, sem olhar para trás, ela passava sob o trono da Necessidade.

O gênio de Platão conduz a alma pelo processo que lhe dá uma realidade mortal. Esse gênio é escolhido pela alma como o guardião da vida que está para se iniciar.

Quando ligado a uma pessoa, o *daimon* controlava o seu destino. Ele também conduzia cada pessoa à morte. Platão escreveu o seguinte:

> E assim se dizia que, depois da morte, o gênio tutelar de cada pessoa, à qual ele foi designado na vida, conduz essa pessoa a um lugar onde os mortos são reunidos; então eles são julgados e partem para o outro mundo.

Platão também chama o gênio de "tutelar", o que sugere que ele é um guia ou professor. Sócrates viveu o seu *daimon* como uma presença divina dentro dele que o avisava se ele estava prestes a fazer algo tolo.

Na Grécia clássica, esses seres eram vistos como benéficos, mas posteriormente chegaram a ser encarados como malfazejos. A palavra "demônio" deriva de *daimon*.

Para resumir, a idéia clássica de gênio era a de um espírito que surge quando você nasce e o serve durante toda a sua vida como uma fonte de sustento, força e orientação. Ele conduz a alma para o nascimento e a morte. Não está inteiramente dentro de você nem fora de você, mas existe em ambos os domínios.

Esse conjunto de crenças clássicas fornece o modelo segundo o qual podemos pensar no gênio como um dom da alma. Em *O código da alma*, James Hillman escreveu: "Você nasce com um caráter; ele lhe é fornecido; um dom, como dizem as histórias antigas, dos guardiães do seu nascimento." Hillman também encontrou evidências do gênio no oeste da África, no Haiti, na América do Sul e entre vários povos nativos na América do Norte.

Robert Bly faz uma alusão a ele em *The Sibling Society*, quando fala que cada pessoa tem um "gêmeo espiritual".

> No nascimento, os dois (você e o seu gêmeo espiritual) estão separados, e talvez você não possa ver o seu gêmeo espiritual novamente nesta vida, embora sempre anseie por ele. Nesse tipo de cultura, as velas da festa de aniversário são acesas para o gêmeo, e não para você. Há uma sugestão disso nas festas de aniversário russas, em que a pessoa celebra o dia da festa do seu santo; assim, o aniversário de uma pessoa também é uma celebração desse santo. Nas festas de aniversário americanas, o garotinho ou garotinha pensa que o bolo é para ele ou ela; não há indicação de nenhum outro ser, a quem se deva ser grato.

Portanto, há uma sensação de saudade quando o gênio está ausente. E, como avisou Coomaraswamy, de perigo.

Numa carta a um amigo, William Blake escreveu:

> Descubro cada vez mais que o meu estilo de desenho é uma espécie em si mesma e, nisto que lhe estou enviando, fui compelido pelo meu gênio ou anjo a seguir por onde ele me conduziu; se eu agisse de outra maneira, ele não serviria ao propósito exclusivo para o qual eu vivo...

Acho atraente essa visão do gênio como uma combinação entre anjo guardião e espírito que guia, porque ela enfatiza a noção de que o gênio é uma força que está sempre comigo, fornecendo inspiração, orientação, esperança e proteção. Nessa noção do gênio, ouço ecos de uma força que requer expressão; de uma força que não é apenas natural, mas essencial.

Combinando a definição dicionarizada de "gênio" como habilidade natural com a idéia clássica de que o gênio é força, podemos chegar a um sinônimo para gênio: "força natural".

A Energia da Alma

A idéia de uma alma está presente de muitas formas nas tradições espirituais. Freqüentemente, acredita-se que as almas são entidades ou espíritos que existem fora das nossas dimensões de tempo e espaço, e que elas se expressem no mundo físico por nosso intermédio. As almas fazem isso porque esse é o seu modo de evoluir. Elas encarnam muitas vezes para expressar o que é preciso a fim de tornar-se mais evoluídas. Quando uma alma entra no reino físico, ela faz isso para se curar. Ela traz consigo a energia necessária para realizar essa cura. Eu chamo essa energia de gênio.

Em seu livro, *A morada da alma,** o cientista e filósofo Gary Zukav descreve a alma, dizendo: "É uma força positiva, significativa, no centro do seu ser." Essa também é uma boa descrição para o gênio.

Diana, que chama o seu gênio de "Tomando Conta", diz o seguinte: "É assim que minha alma decidiu expressar-se nesta vida. Conhecer isso é uma tremenda vantagem. Eu desperdiço menos energia. Concentro-me no que é importante na minha vida. Sou mais produtiva."

Objetivo da alma. Processo-Chave. Força natural. Todas são maneiras úteis de pensar a respeito do seu gênio. É uma habilidade natural, uma forte inclinação, um espírito e um poder. É um processo no seu cerne e sua razão de existir. Hillman refere-se a ele como uma "bolota de carvalho": "...cada pessoa tem uma característica exclusiva que pede para ser vivida e que já está presente antes que possa ser vivida."

Até o final deste livro, falarei do gênio no sentido que os romanos e gregos antigos falavam dele: como o seu anjo guardião e estrela-guia. Porém, não é preciso que você aceite minhas crenças espirituais para beneficiar-se da nomeação do seu gênio e do respeito a ele. Minhas descobertas iniciais sobre o meu gênio não necessitaram de um aspecto espiritual para serem significativas, nem as suas irão precisar disso. Contudo, na medida em que a minha noção de gênio se ampliou, também aumentou a minha vontade de fazer as coisas exigidas de mim para colocar o meu gênio mais perto do centro da minha vida. À medida que você for lendo, irá perceber muitas escolhas que poderia fazer para tornar o seu

---

• Publicado pela Editora Cultrix, São Paulo, 1993.

gênio mais central na sua vida. Eu acredito que a sua vontade de fazer essas escolhas estará na mesma proporção da sua vontade de ver o seu gênio de um ponto de vista espiritual.

Natureza ou Nutrição

Invariavelmente, quando falo a outra pessoa a respeito do gênio, surge a seguinte questão: o gênio é congênito e produto da genética, ou é aprendido? Invariavelmente, minha resposta é: não sei.

Além do mais, se pensarmos no gênio no sentido clássico, ou como a energia da alma, a questão é discutível. As pessoas que trabalham com o gênio desenvolvem o seu próprio conjunto de crenças a respeito do que ele realmente é. Eis aqui dois exemplos:

Andrea trabalha como especialista em educação ao ar livre. Ela faz programas de treinamento que envolvem atividades como subir em montanhas e jornadas com cordas. Ela chama o seu gênio de "Tornando Seguro". Quando mostra às pessoas como escalar e usar o equipamento de segurança necessário, faz uma verdadeira demonstração de um gênio em ação.

Os pais de Andrea morreram logo após o seu nascimento. Ela passou o primeiro ano de vida numa sucessão de adoções. Então, foi adotada por aqueles que veio a considerar seus pais. Quando adulta, Andrea tinha uma vaga lembrança de ser "afogada no berço". Ela mencionou isso à mãe adotiva que lhe explicou o que significava.

Quando Andrea tinha 16 meses de idade, sua mãe adotiva estava tendo problemas com a coluna e havia recebido ordens para não carregar nada. Um dia, Andrea estava chorando, inconsolável, e sua mãe, com pena mas incapaz de segurá-la, chamou a antiga assistente social do bebê para ajudá-la. A assistente social, ao ouvir o choro de Andrea, jogou-lhe em cima um grande copo de água.

Andrea diz: "Eu já não devia me sentir muito segura quando criança, o que não dizer de estar sempre sendo desviada de uma situação de adoção para outra e do comportamento de minha assistente social?" Andrea acredita que aprendeu a respeito do seu gênio como resultado dessas experiências.

A crença de Marianne sobre seu gênio é muito diferente. Aos 43 anos, ela sofreu um acidente de automóvel no qual dois amigos que estavam com ela morreram. Ela teve múltiplos ferimentos que exigiram várias operações e um longo período de dois anos de reabilitação intensiva. Durante a reabilitação, era assaltada pela pergunta: "Será que estou viva?"

Marianne empreendeu uma busca para responder a essa pergunta. Consultou um psicoterapeuta e começou a estudar os textos referentes a experiências com a proximidade da morte. Ela diz: "Durante muito tempo depois do acidente, fiquei imaginando por que não tinha morrido. Dar um nome ao meu gênio forneceu-me uma resposta parcial. Acredito que o meu gênio é a energia da minha alma, e sei, num nível muito profundo, que há mais coisas que eu tenho para fazer com essa energia."

Marianne chama o seu gênio de "Preparando o Caminho".

As conclusões de Andrea e Marianne demonstram duas possíveis crenças a respeito do gênio. Andrea acredita que o gênio é o resultado de ser alimentada, enquanto a visão de Francine é inteiramente espiritual. O que está correto? Não conheço nenhuma resposta que possa ser provada. Pode ser que Andrea esteja totalmente correta e que a crença de Marianne resulte da sua necessidade de encontrar resposta para uma pergunta que a atormentava. Pode ser que Marianne esteja correta e que Andrea se lembre do banho que levou como uma violação do seu gênio.

Minhas crenças são mais como as de Marianne.

Meios Para Compreender o Seu Gênio

Decida quais das seguintes maneiras de pensar a respeito do seu gênio faz mais sentido para você neste momento. Não procure a resposta "certa". Dê-se o luxo de uma adivinhação intuitiva.

As crenças não são mutuamente exclusivas, e você pode ser atraído por aspectos de mais de uma crença. Se for assim, sinta-se à vontade para escrever uma declaração das suas próprias crenças a respeito do gênio. Lembre-se de que o que você entende por gênio não é um problema a ser resolvido, mas um mistério a ser explorado. Não existe resposta certa; existem apenas as suas crenças.

- Processo-Chave: sua maneira exclusiva de processar os dados que o mundo oferece para produzir um resultado desejável.
- Força Natural: Uma habilidade ou capacidade que chega naturalmente a você e para a qual você tem forte inclinação.
- Gênio grego e romano: um espírito que nasceu ao mesmo tempo que você, que o acompanha por toda a vida, atuando ao mesmo tempo como anjo guardião e como estrela-guia.
- Energia da Alma: uma força positiva e significativa no centro do seu ser.

4

Frustrações e Maldições

A sua auto-expressão é a sua dádiva para o mundo.

— LAURENCE BOLDT

O início do capítulo 2 conta a história da descoberta, por parte de Werner Heisenberg, do princípio da incerteza da mecânica quântica. Antes do passeio no parque de Copenhague, sua incapacidade para resolver o problema que estava à sua frente deixou-o frustrado. Ele descreveu a si próprio como "totalmente exausto e um pouco tenso". Sua frustração apareceu porque o seu gênio estava bloqueado.

Frustração é a sensação de se sentir contrariado. Ela ocorre quando os seus planos ou agendas conscientes ou inconscientes parecem que estão derrotados. Você se sente aturdido e, talvez, inútil. A frustração o visita quando o que você está tentando fazer não está funcionando. Hans Selye, conhecido pela sua pesquisa e seus livros a respeito do *stress*, diz o seguinte:

> Bloquear a realização das causas dos impulsos naturais do homem causa tanta angústia como o prolongamento forçado e o aumento de qualquer atividade acima do nível desejado. Ignorar essa regra leva à frustração, à fadiga e à exaustão, que podem resultar num colapso físico.

Você não tem um impulso mais natural que o seu gênio. A frustração é, com muita freqüência, uma indicação de que as circunstâncias, ou outras pessoas, estão bloqueando a realização do seu gênio, ou de que você está prolongando e intensificando o seu gênio além do nível adequado. Se você notar a sua frustração cedo, antes que ela se manifeste em fadiga, exaustão e colapso, e se você determinar a fonte da sua frustração, poderá obter indicações valiosas a respeito do seu gênio.

Joyce: "Cavando Mais Fundo"

Como Selye aponta, há um segundo caminho para a frustração além de termos os nossos impulsos naturais bloqueados. O outro caminho é prolongar e intensificar uma atividade além do nível que é saudável para nós. A experiência de Joyce com o seu casamento ilustra esse segundo caminho para a frustração. Joyce e seu marido foram casados durante vinte anos. O seu gênio é "Cavando Mais Fundo". É assim que ela o descreve:

> Quando me envolvo em alguma coisa, realmente vou até o fundo. Quero ser parte de tudo o que há para se fazer com ela — a idéia global, o significado da coisa toda, os detalhes, o dia-a-dia dela, tudo. Penso constantemente a respeito do que ela é. Quero conversar a respeito durante o tempo todo e quero, sempre, encontrar algum significado mais profundo para o que está acontecendo. Fico totalmente envolvida. O que quer que seja, pode tornar-se uma religião para mim.

As tentativas de Joyce para cavar mais fundo a respeito dos problemas do seu casamento criaram anos de frustração para ela.

Ela diz: "O problema era que eu queria cavar mais fundo a respeito do casamento e o meu marido não queria. Minha luta com essa diferença entre nós resultou em vinte anos de frustrações e num comportamento estranho da minha parte."

Diferentemente de Francine, que optou por deixar a empresa para a qual trabalhava, Joyce optou por continuar casada. Ela percebeu que a fonte principal de sua frustração era que ela havia escolhido cavar mais fundo as coisas externas, como o seu casamento e o seu trabalho.

Diz ela: "Quando me concentrei em cavar mais fundo primeira e principalmente em mim mesma, os problemas que eu estava tendo com o meu casamento e o meu trabalho desapareceram."

Joyce mudou-se da casa que ela e o marido haviam compartilhado e alugou um apartamento onde morou sozinha durante oito meses. Ela tinha de aprender a respeito de si própria. Só então ela cavou fundo nas outras coisas sem perder o sentido de quem era.

Agarre-a Logo

O truque para notar a frustração e utilizá-la para dar nome ao seu gênio é percebê-la logo que ela começa. Por exemplo, enquanto eu escrevo isto também estou pensando numa amiga próxima. Eu tinha a expectativa de falar com ela alguns dias atrás. Chamei-a seis vezes nesses quatro dias. Minha amiga tinha uma secretária eletrônica que não estava funcionando. Ela não me telefonou, embora nosso acordo fosse o de tentar entrar em contato. Ela mora com uma amiga, mas nenhuma das duas respondeu ao meu chamado do outro lado da linha.

Como eu disse, o meu gênio é "Criando Clareza". Conversar a respeito de alguma situação sem clareza! A minha amiga está magoada? Tenho certeza de que não está zangada comigo. Tenho um misto de emoções: estou preocupado, alarmado e frustrado. Observando a minha frustração, pergunto-me: "O que é que está sendo contrariado em mim?" A resposta: o que está sendo contrariado é o meu impulso de ser claro a respeito do que está acontecendo. A ambigüidade da situação é frustrante porque o meu gênio anseia por clareza. Aí está a pista descoberta.

A frustração, no entanto, não é sempre uma pista para o funcionamento do seu gênio. Por exemplo, você também pode sentir-se frustrado ao aprender uma nova habilidade ou ao tentar resolver um problema difícil. Esse tipo de frustração pode ou não ter algo que ver com o seu gênio.

Examine-a Tranqüilamente

Examine a sua frustração para obter pistas a respeito do seu gênio, identifique várias situações a respeito das quais você se sente frustrado. Elas podem ser grandes questões ou pequenos incidentes. Podem vir do passado distante, talvez de quando você era uma criança, ou podem ser recentes. Talvez haja mais frustração viva para você agora. Sente-se tranqüilamente e lembre-se dos detalhes de uma das situações. Fechar os olhos ao fazer isso pode ajudar. Faça isso para cada uma das situações, perguntando depois de cada período de lembrança: "O que é em mim que foi contrariado nessa situação?" Não tente forçar a resposta; se ela não vier em alguns minutos, prossiga para outra situação. Se vier uma resposta, continue lembrando-se de outras situações ou reveja situações de que se lembrou antes de surgir a resposta. Veja se a resposta está adequada a essas outras situações.

Maldições

A frustração é algo que seria melhor evitarmos, mas ela se revela uma pista importante para os nossos outros gênios. Há ainda mais uma coisa que seria melhor evitar e que freqüentemente também é uma pista importante: as maldições que as pessoas colocam aos nossos pés.

Quando Cheryl era criança, seus pais, orgulhosos, chamavam-na de "curiosa". Ela era uma dessas crianças que parecem estar em toda parte. Nenhuma porta de armário ficava sem abrir. Nenhuma panela ou frigideira, nenhuma caixa de papelão escapava de tornar-se um brinquedo. Nenhum brinquedo ou enfeite de casa deixava de ser explorado.

Na escola, todos os assuntos a deliciavam. Artes e matemática eram ambas áreas excitantes.

Então, chegou o momento de escolher uma faculdade e uma matéria favorita. Cheryl estava vagamente perturbada por ter de fazer essas escolhas. Ela queria ver muitos catálogos de faculdades e visitar todos os campi que podia. Não conseguia escolher uma matéria; muitas pareciam atraentes.

Seus pais ficaram frustrados. Agora, a curiosidade dela era inconveniente para eles. Eles queriam uma decisão. A criança que antes havia sido "curiosa" tinha se tornado uma adolescente "distraída" e "incapaz de assumir um compromisso".

O gênio de Cheryl, que ela chama de "Explorando Todos os Caminhos", não agradava mais a seus pais. O que antes os deleitava a respeito dela agora parecia uma maldição.

Colocamos muitos rótulos negativos uns nos outros, o que eu chamo de maldições: distraído, incapaz de se comprometer, mandão, barulhento, tímido, balofo, avoado, violento, compulsivo e assim por diante. Esses rótulos negativos podem ser pistas importantes para os nossos gênios se pudermos identificar o que em nós era inconveniente para as pessoas que nos colocavam os rótulos ou que lhes causava desconforto.

Sugiro que, depois de usar os instrumentos a seguir, você largue este livro por um dia e vá fazer outra coisa. Dê a si mesmo um dia para observar o que faz quando não está observando o que faz, prestando atenção em suas frustrações e explorando os rótulos negativos que os outros colocaram em você.

Meios Para Você Observar a Sua Frustração

- **FONTES DE FRUSTRAÇÃO**

Complete as seguintes frases e depois examine as suas palavras de conexão ou padrões.

Sinto-me frustrado quando ______________________________

Sinto-me frustrado quando ______________________________

Sinto-me frustrado quando ______________________________

Sinto-me frustrado quando ______________________________

Sinto-me frustrado quando ______________________________

______________ *me causa frustração porque* ______________________

______________ *me causa frustração porque* ______________________

______________ *me causa frustração porque* ______________________

Às vezes, quando fico frustrado, o que está sendo bloqueado em mim é ______

____

Às vezes, quando fico frustrado, o que está sendo bloqueado em mim é ______

____

Às vezes, quando fico frustrado, o que está sendo bloqueado em mim é ______

____

Quando era criança ou adolescente, fiquei frustrado quando ____________

____

Quando era criança ou adolescente, fiquei frustrado quando ____________

____

• ETIQUETAS COM NOME

Nos seminários sobre o gênio, peço aos participants que usem etiquetas com o nome que acham que é mais apropriado ao seu gênio. Esse recurso encoraja a atenção para com o gênio. Ele também permite que as pessoas experimentem metaforicamente um nome, que o usem por algum tempo e percebam se estão se sentindo bem.

Não creio que você irá querer andar por aí, na vida diária, com uma etiqueta assim. Porém, se tiver algum pressentimento de um nome para o seu gênio, anote-o num pedaço de papel e coloque-o em algum lugar onde possa vê-lo. Mude-o sempre que uma nova possibilidade lhe vier à mente. Quando olhar para ele, você poderá observar a si mesmo pensando: "Não está certo." Se isso acontecer, confie nesse impulso e continue procurando um nome.

• RÓTULOS NEGATIVOS

Enumere os rótulos negativos que as pessoas colocaram em você. Pergunte a si mesmo: "O que havia em mim que as aborreceu ou que foi inconveniente para elas?" Tente formular a sua resposta de maneira positiva, e não como uma crítica a si próprio.

5

Contando Histórias

Não existe o botão de "desligar" no comando do gênio.

— DAVID LETTERMAN

São sete e meia da manhã, e o ar de junho já está formando vapor na pequena reserva natural perto da minha casa. Faz muito pouco tempo que descobri esse lugar e que comecei a visitá-lo. Sento-me num banco de madeira tomando o meu café, procurando aprender todas as lições que o Pequeno Rio Miami tem para mim. O rio abre caminho através da floresta alguns metros longe dali. Nos últimos dias, ele se livrou da lama marrom que vinha carregando desde as fortes chuvas da primavera e do começo do verão, e sua nova cor clara, verde-esmeralda, reflete a cor dos grandes carvalhos que me rodeiam e fazem sombra.

O ruído de um galho quebrando no chão desperta a minha atenção para um homem que caminha pela trilha estreita que leva a esse lugar, aproximando-se do meu abrigo à margem do rio. Ele está usando sapatos pesados, gastos, calças cáqui desbotadas. Não se barbeou ultimamente; uma barba cinza e negra cobre-lhe os maxilares. Creio que tem mais de 60 anos. Ele me sorri para assegurar-me de que é uma pessoa de bem.

— O rio está voltando ao normal — diz ele, parando atrás do banco, espichando o olhar por sobre o meu ombro e através das árvores para a água que se move lentamente.

Não sei se que quero conversar nesse momento, por isso murmuro um relutante "sim".

Ele continua:

— Algumas semanas atrás, ele estava tão alto que chegou a cobrir o banco onde você está sentado.

Ele se senta e eu sei que, se não quiser conversar, terei de ir-me embora. Decido-me a ficar.

Ele estende a mão.

— O meu nome é Clyde. Nunca vi você aqui antes.

Eu me apresento.

— Então você vem aqui com freqüência? — pergunto.

Ele diz:

— Sim. Venho passear por aqui desde que fui despedido há alguns meses. Eu precisava fazer alguma coisa; por isso me ofereci como voluntário para cuidar do parque. Abro os portões de manhã e fico por aí a maior parte do dia. Volto para casa para almoçar e depois volto e fico aqui até a hora de fechar os portões, quando o sol se põe. Isso me mantém ocupado e eu gosto daqui.

Nas poucas vezes em que fui até lá, eu não havia notado a presença de Clyde. Agora, porém, tenho certeza de que ele me notou e de que está curioso a respeito desse recém-chegado ao seu parque.

Faço-lhe perguntas, ele responde e, em uns dez minutos, descubro que era empregado de manutenção de um armazém, que mora com uma irmã mais velha e toma conta dela e que tem duas propriedades alugadas.

À medida que ele conta essas histórias, começo a ouvir entre as linhas para obter indícios do seu gênio. Esse é um jogo divertido, um jogo que não consigo parar porque estou escrevendo este livro.

Começo a pensar que o gênio dele tem algo que ver com tomar conta, ou que talvez tenha que ver com consertos. Afinal, manutenção é isso. Ele agora passa o tempo cuidando do parque, toma conta da irmã mais velha, que descreve como "alguém que não está bem", e faz a maioria dos consertos nas propriedades que aluga. Ele está cuidando das coisas, dando-lhes manutenção, consertando-as e assim por diante. Ocorreu-me que, se eu tiver algum problema com o meu carro ao deixar o parque, Clyde estará bem ali para me ajudar.

Embora eu não possa dizer como Clyde chamaria o seu gênio, estou certo de que há muitos indícios para isso nas histórias que ele está me contando.

No final do último capítulo, sugeri que você comece a observar as palavras que podem tornar-se parte do nome para do seu gênio. Este capítulo descreve uma técnica para criar mais palavras. As palavras que você cria com essa técnica irão fornecer-lhe a matéria-prima para dar nome ao seu gênio.

Para usar essa técnica você precisa contar histórias a seu próprio respeito, procurando indícios do seu gênio nessas histórias, assim como eu procurei indícios para o gênio de Clyde nas dele.

Há quatro etapas nesse processo de contar histórias. Você precisará do seu diário ou de algum outro material para escrever.

Primeira Etapa: Conte Três Histórias

Pense em três momentos da sua vida em que foi bem-sucedido, em que se sentiu bem consigo mesmo e em que o que estava fazendo parecia simplesmente fluir. "Bem-sucedido" significa ter tido sucesso com base em qualquer critério da sua escolha. "Sentir-se bem consigo mesmo" significa que você teve uma sensação de realização relativa ao que estava fazendo e uma sensação de que aquilo estava certo. "Parecia simplesmente fluir" significa que as coisas chegavam com facilidade e com naturalidade até você; havia pouca ou nenhuma luta. Esses três exemplos podem relacionar-se com qualquer período da sua vida. Podem ser experiências da infância, com o trabalho ou com passatempos, ou podem ter que ver com algo que você fez com a sua família. Podem ser eventos espontâneos, singulares, ou processos que foram se desenvolvendo durante muito tempo. Não há restrições, exceto pelo seguinte:

1. Você foi bem-sucedido.
2. Sentiu-se bem consigo mesmo.
3. As coisas simplesmente pareciam fluir com naturalidade.

Depois de ter identificado esses três exemplos, escreva oito ou dez frases que descrevam o exemplo. Ao escrever, enfoque aquilo que realmente fez, e não aquilo que as outras pessoas fizeram, nem as circunstâncias relacionadas com o acontecimento. Use a palavra "eu" com freqüência para descrever o seu comportamento, seus pensamentos e sentimentos. Não escreva tanto uma descrição do acontecimento, mas uma descrição de si mesmo como parte do acontecimento.

Por exemplo, eis aqui três histórias que escrevi quando estava tentando dar um nome ao meu gênio:

> Em meados dos anos 70, trabalhei para uma empresa de consultoria cujo objetivo era fornecer serviços para empresas sem fins lucrativos e instituições educacionais. Os serviços envolviam o treinamento na área de educação humanística ou educação de valores para professores, praticantes de medicina e para as pessoas que ofereciam aconselhamento a drogados. Eu criei programas de treinamento, ensinei e orientei a dinâmica dos grupos. Fiz projetos. Eu fazia parte de uma equipe de pessoas e aprendi muito com os outros membros da equipe. Também me diverti muito.

> Quando tinha uns 9 ou 10 anos de idade, lembro-me de ter ganho uma impressora de brinquedo como presente de aniversário. Ela tinha letras de borracha que se encaixavam numa máquina com um tambor, e tinta. Minha família tinha acabado de se mudar para uma nova vizinhança, e eu criei o jornal da vizinhança. Isso me forneceu uma desculpa para entrevistar as pessoas que moravam ali. Eu queria entender melhor quem elas eram e o que tinha acontecido ali antes de nos mudarmos. Entrevistei pessoas, escrevi a respeito do que elas me contaram e imprimi o que havia escrito.

> Minha ex-mulher e eu tínhamos dois cavalos. Ambos eram saltadores. Ela era uma exímia amazona desde criança. Isso tudo era novidade para mim. Enquanto ela tinha aulas de hipismo, eu preferia fazer passeios casuais pelas trilhas do bosque. Mas eu assistia às suas aulas, e acho que aprendi muito com isso. Uma vez, o professor dela me fez entrar na pista e dar um salto baixo. Montei no cavalo, andei a galope pela pista e vencemos o obstáculo com perfei-

ção. Havia três ou quatro pessoas por ali, e todas me aplaudiram. Fiquei surpreso e, na semana seguinte, comecei a ter as minhas próprias aulas. Aprendi mais a respeito de salto e me saí muito bem.

Segunda Etapa: Faça Duas Listas

Crie duas listas com as palavras que você usou para descrever as três situações descritas. A primeira seria uma lista de verbos que usou para descrever suas atividades. Geralmente, essas palavras serão as que vêm logo depois da palavra "eu". Por exemplo, na minha primeira história, escrevi: "Eu criei programas de treinamento". A palavra usada nessa primeira lista é "criei".

A segunda lista contém palavras ou frases que descrevem o que você fez. Por exemplo: criei "programas de treinamento". Muitas vezes, mas nem sempre, essa lista contém os elementos das frases que você redigiu começando com "eu". Em alguns casos, o objeto não está presente nas frases. Não se preocupe com isso; o objetivo deste exercício é gerar palavras, e não tornar-se um gramático.

Aqui estão minhas duas listas:

Verbos (*Ações que realizei*)	**Objetos** (*Aquilo sobre o quê recaiu a minha ação*)
trabalhei	para uma empresa de consultoria
criei	programas de treinamento
ensinei	
orientei	a dinâmica dos grupos
fiz	projetos
aprendi	muito
diverti	me
criei	jornal
entrevistei	pessoas
quis	entender mais
entrevistei	pessoas
escrevi	o que elas me contaram
imprimi	o que escrevi
preferi	passear pelas trilhas

assisti	aulas
aprendi	muito
montei	no cavalo
andamos	a galope
vencemos	o obstáculo
fiquei	surpreso
comecei a ter	minhas próprias aulas
aprendendo	mais
me saí	muito bem

Terceira Etapa: O Que o Atrai?

Reveja suas listas e assinale as palavras ou expressões que o atraem. A essa altura, não se preocupe com a razão pela qual as palavras o atraem, apenas observe se, ao olhar para cada palavra, você se sente atraído por ela. Da minha lista de verbos, escolhi:

criei
ensinei
facilitei
planejei
aprendi
diverti-me
criei
entrevistar
entrevistei
escrevi
aprendendo
me saí muito bem.

Da minha lista de objetos, escolhi:

grupos
projetos
pessoas
entender
pessoas

aulas
aulas
mais

Junto com minhas anotações a respeito de observações e frustrações, as palavras dessas listas foram a matéria-prima que tive em mãos para dar um nome ao meu gênio.

Quarta Etapa: Encontre o Denominador Comum

O seu gênio é o denominador comum relativo à sua própria energia, que reside nas histórias que você escreveu. Em matemática, um denominador comum é o número pelo qual os números de uma série podem ser divididos. Mas eu não quero dizer "denominador comum" no sentido literal e matemático. Para dar vida a essa noção de denominador comum, encontre os denominadores comuns em cada uma das seguintes seqüências de números:

4, 6, 12, 24, 100
9, 15, 21, 30
15, 25, 65, 90

Os denominadores comuns são 2, 3 e 5.

Encontrar o denominador comum nas histórias que você escreveu não é algo assim tão simples, porque ele se encontra sob os dados que aparecem à superfície. Ele não é o seu denominador comum ordinário. Por exemplo, encontre o denominador comum na seguinte seqüência de números:

3, 13, 30, 35, 39, 300.

O denominador comum para essa seqüência de números é a letra "t", que corresponde ao início da palavra de cada número:

*T*rês, *t*reze, *t*rinta, *t*rinta e cinco, *t*rinta e nove, *t*rezentos.

O denominador comum está sob a superfície dos próprios números. Isso não é óbvio, assim como o seu gênio pode não ser óbvio nas listas de palavras que você criou. Você terá de cavá-lo; cavar sob as informações da superfície, assim como você teve de cavar para encontrar o "denominador comum" na última fileira de números.

Parabéns se você descobriu a resposta para a última fileira de números. A maioria das pessoas não descobre.

Intenção Primordial

O capítulo 3 descreveu o gênio de quatro maneiras diferentes; como um Processo-Chave, uma força natural, a energia da alma e a idéia da Roma Antiga de um espírito que o acompanha. Há uma quinta maneira de pensar a esse respeito que irá ajudá-lo a extrair um sentido das listas que você criou. Você também pode pensar no seu gênio como a intenção principal que está por trás das habilidades e atividades de suas listas. O seu gênio é uma força natural que busca expressão. As habilidades e atividades que o atraem são aquelas que permitem que o seu gênio se expresse. É provável que essas sejam as coisas que você faz melhor.

Pensar no seu gênio dessa maneira fornece um outro modo de descobri-lo. Reveja as suas listas mais uma vez e acrescente quaisquer habilidades ou atividades de que você gosta. Por exemplo, as habilidades e atividades de que eu gosto são ensinar, escrever, fotografar, pesquisar, criar programas de treinamento, pescar trutas, aconselhar e oferecer consultoria. Quando pergunto a mim mesmo, "Qual é a intenção primária que está por trás de todas essas habilidades e atividades?", a resposta é que gosto delas porque estão todas, de um modo ou de outro, relacionadas com criar clareza, para mim ou para os outros.

A menos que eu esteja inteiramente consciente do meu gênio, eu acredito que a intenção primordial de aconselhar ou oferecer consultoria é ajudar as outras pessoas, e acredito que a intenção primordial de fazer pesquisa é obter novos conhecimentos. Essas, no entanto, são apenas as minhas intenções conscientes do momento. Minha intenção primordial, que é gerar clareza, está por trás da minha intenção consciente.

A ligação entre as habilidades e as atividades de que você mais gosta e o seu gênio nem sempre é óbvia. Observe que eu coloco a atividade de pescar trutas na minha lista. Embora eu adore fisgar e pegar um bom peixe, não me importo de voltar para casa com a cesta vazia, contanto que me tenha divertido. Divertir-me significa ter estado trabalhando ativamente naquilo de que eu gosto mais: gerando clareza a respeito da atividade de pescar trutas. A nova clareza é mais importante para mim do que uma truta. Cada rio é uma experiência nova a cada dia; uma experiência que me implora por clareza.

O passo final para dar nome ao seu gênio é usar todas as informações que você gerou nos últimos três capítulos. No próximo capítulo, contarei a você como outras pessoas deram esse passo importante.

Questões Cruciais

Até o momento, sugeri muitas perguntas que você pode fazer na tentativa de dar um nome ao seu gênio. De todas, quatro são cruciais. Vou enumerar essas quatro questões aqui como uma referência conveniente.

1. Qual é a ligação entre todas as coisas que você observa a seu próprio respeito quando não está se observando? Em outras palavras: "Qual é o denominador comum?"
2. Quando você está se sentindo frustrado, o que está sendo contrariado em você?
3. Que dom exclusivo e especial você oferece continuamente a si mesmo e aos outros?
4. Qual é a intenção primordial que está por trás das habilidades e atividades de que você mais gosta?
5. Há apenas uma resposta para essas quatro perguntas: é o seu gênio.

Meios Para Examinar Suas Histórias

O QUE É O GÊNIO?

Acrescentei outro modo de pensar a respeito do conceito de gênio no capítulo 3: Intenção Primordial. Além disso, suas idéias sobre o que venha a ser isso que estamos denominando gênio podem ter mudado depois dos últimos capítulos. Pode ser útil rever a lista.

Decida quais das seguintes maneiras de pensar a respeito do seu gênio fazem mais sentido para você neste momento. Não procure a resposta "certa". Dê-se o luxo de uma adivinhação intuitiva.

As crenças não são mutuamente exclusivas, e você pode ser atraído para aspectos de mais de uma crença. Se assim for, sinta-se livre para escrever uma frase com as suas próprias crenças a respeito do gênio. Lembre-se de que o entendimento que você tem do gênio não é um problema a ser resolvido, mas um mistério a ser explorado. Não há uma resposta certa; há apenas as suas crenças.

Processo-Chave: o seu modo exclusivo de processar os dados que o mundo oferece para produzir um resultado desejável.

Força Natural: uma habilidade ou capacidade que vem naturalmente até você e para a qual você está fortemente inclinado.

Gênio Grego e Romano: um espírito que nasceu ao mesmo tempo que você, que o acompanha a vida toda, atuando ao mesmo tempo como anjo guardião e estrela-guia.

Energia da Alma: uma força positiva, significativa, no centro do seu ser.

Intenção Primordial: o motivo que está por trás dos talentos e habilidades que você desenvolve e pratica.

UM JOGO DE CARTAS

Em cartas organizadas segundo a ordem alfabética, escreva as palavras que o atraíram no exercício de contar histórias descrito neste capítulo. Escreva uma palavra por carta. Coloque todas as cartas numa mesa. Comece a movê-las. Elas formam grupos? Algumas palavras parecem ser semelhantes para você? De que maneira?

O DENOMINADOR COMUM

Olhe a lista de palavras que você criou enquanto lia este capítulo. Faça uma lista dos denominadores comuns dessas palavras.

6

Montando o Quebra-Cabeça

A alma organizada e sábia segue o seu guia
e compreende as suas circunstâncias.

— PLATÃO

Agora você irá transformar as informações obtidas nos capítulos anteriores em um nome para o seu gênio. Não conheço nenhum método testado e comprovado para fazer isso. Lembre-se de que dar nome ao seu gênio é um processo do tipo "Aha!", e não um processo que se presta à análise intelectual. É como montar um quebra-cabeça complexo. Agora você tem muitas peças do quebra-cabeça: suas notas relativas à auto-observação e a respeito do que está sendo contrariado em você quando você se sente frustrado, as palavras de suas histórias e suas notas a respeito da intenção principal que está por trás das habilidades e atividades de que você gosta. O truque é ver como essas peças se encaixam.

Posso explicar o meu processo, mas ele não será necessariamente o mesmo para você. Fico admirado de ver quantas maneiras diferentes as pessoas inventam para escolher um nome para o seu gênio.

Olhei para minhas listas e percebi que as palavras "aprendi", "criei", "entendi" e "lições" pareciam semelhantes. Elas pareciam estar relacionadas com a mesma coisa. "A respeito do que são essas palavras?", perguntei. Também observei que as palavras "projetei", "ensinei", "organizei", "planejei", "entrevistei" e "escrevi" descreviam atividades que realizei para gerar aprendizado, lições e entendimento. As palavras começaram a tomar duas formas para mim. A primeira forma era um grupo de conceitos que tinham que ver com aprendizado. A segunda era um grupo de conceitos relacionados com métodos de aprendizado ou com a comunicação do que eu havia aprendido. Também observei que a maior parte da minha frustração surgiu por não compreender os eventos ou o que as pessoas me diziam. As peças do meu quebra-cabeça estavam começando a encaixar-se.

Passei a desconfiar de que o meu gênio tinha algo que ver com entendimento e comunicação. Lembrei-me das regras para dar nome a ele. Eu sabia que o meu nome podia conter apenas um verbo. Também suspeitei que entender e comunicar não eram a minha intenção primordial. Perguntei a mim mesmo: "Qual é a minha intenção primordial que está por trás de entender e comunicar?" A resposta foi "produzindo clareza", mas eu não gostava do termo "produzindo". Olhei novamente para a minha lista e a palavra "criei" saltou-me aos olhos. Então as palavras "criando clareza" explodiram na minha mente como uma luz que cega ao passar através de uma porta que, naquele momento, se abriu. Houve o "aha!" O meu gênio é "Criando Clareza".

Tudo isso parece muito simples quando se conta, mas não foi tão simples assim. A história que eu acabei de contar é um pouco como dizer "Montei esse quebra-cabeça de quinhentas peças concentrando-me primeiramente no vermelho, depois no azul, depois nas bordas e finalmente no meio." Na verdade, o processo levou várias semanas e constituiu-se de questionamento, falsos inícios e confusão. Assim como montar um quebra-cabeça de quinhentas peças.

Como Montar um Quebra-Cabeça de Quinhentas Peças

O melhor conselho que eu posso dar a você para dar nome ao seu gênio é aquele que eu lhe daria para montar um quebra-cabeça de quinhentas peças. Em primeiro lugar, examine as peças para ver quais parecem encaixar-se. Nesse caso, as peças são as palavras que estão nas listas que você acabou de criar, o que você observou a seu próprio respeito e o que você aprendeu com a sua frustração. Em segundo lugar, quando você encontrar algumas peças que se combinam, pergunte o que elas significam. O que elas têm em comum? Como se combinam? Em terceiro lugar, fique olhando para as peças espalhadas a fim de descobrir mais peças que se encaixam ou para ver se elas se relacionam com as peças que já estão encaixadas. Se elas não se encaixarem, deixe-as de lado. Em quarto lugar, se você parece não estar chegando a lugar nenhum, dê uma volta por alguns instantes. Dê ao seu inconsciente uma oportunidade para romper com a confusão que está na sua mente consciente.

Confiar na sua intuição também é uma parte importante no processo de dar nome ao seu gênio. Eis o que eu quero dizer: estou sentado diante do meu computador, pensando no que eu quero dizer e tentando buscar as palavras. Paro por um momento, e um pensamento aparentemente intruso entra na minha mente. Um modo de lidar com esse pensamento é esquecê-lo. Outro modo é perguntar a mim mesmo, "O que essa idéia tem que ver com o meu pensamento?" Às vezes, o pensamento é, de fato, completamente estranho, como: "Esqueci de pegar a roupa na lavanderia." Freqüentemente, o pensamento me leva a uma área que eu preciso explorar ao escrever.

Quando você procurar um nome para o seu gênio, confie naqueles pensamentos aparentemente estranhos o tempo suficiente para descobrir o que eles significam. Pergunte: "O que esse pensamento tem que ver com o meu gênio?" Provavelmente, esses pensamentos chegarão durante um intervalo do trabalho consciente de descobrir um nome. A experiência de Mike exemplifica bem de que maneira pode ser produtivo abandonar o trabalho consciente de dar nome ao seu gênio.

> Depois que criei minhas histórias, as informações estavam bem ali, e eu não era capaz de me concentrar nelas. Na manhã seguinte, saí para correr. Quando eu corro, gosto de deixar minha intuição vagar. Posso até lembrar-me visualmente, mesmo dez anos depois, do lugar onde eu estava quando as palavras "Descobrindo Conexões Mais Profundas" vieram à minha mente. Parecia que essas palavras cristalizavam algo que era essencialmente eu mesma.

Quando você estiver tentando encontrar o nome certo, lembre-se de que as listas que você cria são apenas a matéria-prima. As verdadeiras palavras que descrevem o seu gênio podem estar nessas listas, mas também é provável que elas não apareçam ali. Também esteja certo de que, diferentemente de um quebra-cabeça de quinhentas peças, o seu gênio não vem numa caixa com uma foto dele na tampa; portanto, sua tarefa pode ser um pouco mais desafiadora.

O Momento da Descoberta

Muitas pessoas que descobriram o seu gênio lembram-se claramente do momento da descoberta, e há muito o que aprender quando examinamos esses momentos.

O momento de descoberta de Diana foi bastante comovente. Diana é minha colega e chamo o seu gênio de "Tomando Conta". O seu processo de chegar a esse nome é instrutivo de muitas maneiras. Ela aprendeu a respeito da observação e da frustração, completou o exercício de contar histórias, conversou com várias pessoas que a conheciam bem e chamou o seu gênio de "Assumindo Tarefas". Disse-me que o nome "Assumindo Tarefas" parecia combinar com ela. Ela é formidável para organizar coisas. Quando conduz um seminário, busca saber o que precisa ser feito e faz. Quando eu lhe digo "Preciso disto para sexta-feira. Você pode assumir a tarefa?", sei que, se ela disser sim, isso certamente será feito para sexta-feira.

Mas alguma coisa incomodava Diana. Ela me disse que o nome "Assumindo Tarefas" era bom, mas que não se entusiasmava com ele e que, embora fosse adequado, ela sentia que ainda estava faltando alguma coisa, que ainda estava pensando no nome e que não sabia por que continuava pensando nele.

Conversamos a respeito da sua inquietação por alguns instantes e depois continuamos falando sobre outras coisas. Ela falou de sua surpresa a respeito de algo que um amigo havia dito: que ele admira o modo como Diana cuida de si mesma. Ela me disse: "Fiquei surpresa ao ouvir essa observação. Nunca pensei em cuidar de mim mesma. Mas quando pensei melhor a respeito, percebi que faço isso mesmo. Limitei minhas viagens porque eram muito cansativas. Faço ginástica regularmente. Faço as unhas e o cabelo todas as semanas, quer precise, quer não. Coloco essas coisas na minha agenda e dou prioridade a elas. Consigo obter ajuda quando preciso. Quando quis passar mais tempo em casa, abri mão do meu espaço no escritório e levei tudo para lá."

Eu chamei a atenção de sua preocupação com o nome que havia escolhido para o seu gênio. Disse-lhe: "Diana, não acho que o seu gênio seja 'Assumindo Tarefas', acho que é 'Tomando Conta'."

Diana não é dada a demonstrações de emoção; mas, naquele momento, começou a chorar. Mais tarde, ela descreveu a experiência. "Você fala a respeito de intuições! Quando você disse 'Tomando Conta', algo simplesmente borbulhou dentro de mim. Isso começou em algum lugar nas minhas entranhas e subiu direto. Que alívio emocional! 'Tomando Conta' parecia ser tão certo, e eu fiquei muito aliviada em me conhecer dessa maneira. Foi maravilhoso. Naquele momento, eu vi verdadeiramente a mim mesma. Vi a minha própria energia e poder."

A experiência de Diana para dar nome ao seu gênio é instrutiva de três maneiras. Em primeiro lugar, sua reação na primeira vez em que ela ouviu as palavras "Tomando Conta" é um dos exemplos mais comoventes do que eu chamo "momento de descoberta". O que aconteceu dentro de Diana naquele instante foi um conhecimento que vai além do conhecimento intelectual. Ele envolvia todo o seu ser; seu corpo, mente e espírito. Diana viveu aquilo que Eugene Gendlin chama "uma sentença sentida". Em seu livro, *Focusing*, Gendlin descreve-o assim:

> Uma sensação sentida não é uma experiência mental, mas física. Física. Uma consciência física de uma situação, pessoa ou acontecimento. Uma aura interior, que abrange tudo o que você sente e sabe a respeito do assunto em questão num determinado momento — ele o domina e o comunica a você de uma vez, e não detalhe por detalhe. Pense nele como num gosto, se quiser, ou num grande acorde musical que lhe causa um forte impacto, uma forte sensação que não é clara.

Uma sensação sentida, segundo Gendlin, tem as seguintes características:

1. Não é mera experiência mental, mas uma consciência interna do corpo.
2. Quase sempre, de início ele não é algo claro.
3. Ele não chega na forma de pensamentos ou de palavras ou como

unidades separadas, mas como uma sensação física singular.
4. Não é uma emoção, mas tem componentes emocionais juntamente com componentes mentais.
5. Tem o poder de gerar mudança.
6. Quando você tem uma sensação sentida, algo no seu corpo se liberta, algo que parecia estar prendendo você vai embora.

Geralmente, posso dizer quando outra pessoa verdadeiramente descobriu o seu gênio porque sua reação à descoberta é física. A resposta física é prova da sensação sentida de que o gênio está certo. Na maioria das vezes, não é tão comovente quanto as lágrimas de Diana. Quase sempre, mostra-se como um grande sorriso, o tipo de sorriso que diz: "Sim! É isso! E isso não é maravilhoso?"

Uma pessoa descreveu essa sensação como um murmúrio.

Às vezes, a experiência é mais como ansiedade ou medo. Joyce, cujo gênio é "Cavando Mais Fundo", diz o seguinte: "Quando comecei a me aproximar do meu momento de descoberta, não queria que o meu gênio fosse "Cavando Mais Fundo". Um amigo conversou isso comigo e eu lhe disse como eu estava aborrecido. Finalmente, eu me dei conta. Parte de mim não queria ver isso ou estava com medo disso."

O segundo aspecto significativo da experiência de Diana é que o nome "Tomando Conta" não foi o primeiro que ela deu ao seu gênio. Geralmente é isso que acontece. Conforme escrevi no capítulo 1, o processo de dar nome ao seu gênio é como descascar uma cebola. As camadas externas geralmente consistem em capacidades, talentos, interesses ou habilidades que você desenvolveu para dar voz ao seu gênio. A habilidade de Diana para assumir tarefas e organizar, assim como as suas habilidades em organização, são os mecanismos que o seu gênio utiliza para se expressar. Sua intenção primordial quando está assumindo tarefas ou organizando é "Tomando Conta".

Quando eu estava tentando dar um nome ao meu gênio, pensei em "Criando Experiências de Aprendizagem", "Juntando Idéias" e "Buscando a Verdade" como nomes possíveis, mas não tive uma sensação sentida de que esses nomes fossem certos. Sim, eu faço todas essas coisas; mas só as faço a serviço de "Criando Clareza". Essas são capacidades, talentos, interesses e habilidades que formam as camadas externas da cebola; elas não são a minha intenção primordial.

O verdadeiro teste para saber se o nome que você escolheu está certo reside na sua própria sensação sentida de que ele está certo. Se você escolheu um nome para o seu gênio, mas está em dúvida, confie na sua dúvida e continue procurando.

Espere pelo "Aha!" que acompanhará a sua sensação sentida do nome certo para o seu gênio. Quando ele estiver certo, você saberá que está certo, e isso é mais do que com conhecimento intelectual.

Lembre-se, porém, de que às vezes o próprio gênio dificulta a tarefa de lhe darmos um nome. Se o seu gênio é algo assim como "Considerando Alternativas" ou "Indo Mais Fundo", você provavelmente encontrará um nome e, depois, irá querer considerar alternativas ou descascar mais a cebola.

O terceiro aspecto importante no momento de descoberta de Diana é que ela conversou com outras pessoas a respeito do seu gênio. Ela usou as opiniões que as outras pessoas lhe deram para ajudá-la na sua busca. O amigo que lhe disse que admirava o modo como ela cuidava de si mesma deu a Diana um maravilhoso presente: a pista que faltava para o seu gênio. Quando ela falou da sua preocupação, alertou-me para procurar novas pistas, para ajudá-la a descobrir a sua intenção primordial e observar o seu gênio contido nas próprias palavras que o amigo lhe dizia.

As pessoas que o conhecem geralmente vêem em você aspectos que você próprio não vê. Acho que isso é particularmente verdadeiro em relação ao seu gênio; acho que isso acontece tão naturalmente que você provavelmente o tem como algo certo e não nota. Joyce me disse: "Isso faz parte de mim de tal modo que eu não seria capaz de enxergar. Era invisível para mim porque eu vivia isso como uma coisa universal que todas as pessoas faziam. No próximo capítulo, contarei a você como conversar a respeito do seu gênio com as outras pessoas.

Dan também recebeu uma pista importante das outras pessoas. Ele estava assistindo a um seminário de cinco dias que incluía a descoberta do gênio. O seminário tinha tempo livre para reflexão, para fazer um diário e para recreação. Num desses momentos, Dan e algumas outras pessoas decidiram alugar um veleiro para navegar num lago ali perto. Dan, que era marinheiro, perguntou ao grupo: "Aonde vocês querem ir?" Eles responderam e partiram com Dan, que assumiu a tarefa de decidir como velejar para todos os lugares que o grupo havia escolhido. No jantar dessa noite, o grupo conversou animadamente a respeito da experiência. Um dos colegas marinheiros de Dan disse: "Dan estava mais interessado em planejar o roteiro do que em velejar."

Dan ouviu as palavras "planejar o roteiro" e soube imediatamente que tinha encontrado o seu gênio. Ele descreveu esse momento de descoberta como "um choque". Dan reconheceu imediatamente que está sempre planejando o roteiro no seu trabalho, na sua vida em família e na sua carreira.

Mandy: "Fazendo Funcionar"

Às vezes, o momento de descoberta é simplesmente um passo de um caminho mais longo. Às vezes, o gênio revela-se muito lentamente e em vários estágios. Mandy, gerente de treinamento de uma grande empresa, descascou a cebola várias vezes para revelar o seu gênio num período de cinco anos. Ela começou durante um seminário, quando pela primeira vez chamou o seu gênio de "Abrindo Portas".

— O nome "Abrindo Portas" veio principalmente do trabalho que eu faço — disse ela. — Eu gostava de colocar idéias ou atividades na mesa quando acreditava que elas tinham potencial para mudar algo na vida de alguém. Minha paixão era tornar as oportunidades disponíveis para outras pessoas. Eu não tinha uma enorme necessidade de que as pessoas aceitassem o que eu lhes estava oferecendo. Eu simplesmente queria abrir as portas para que elas vissem as coisas de novas maneiras e crescessem. Abrir portas era como plantar sementes que outras pessoas tivessem de cuidar.

No ano seguinte, Mandy ficou angustiada com a sensação de que o nome "Abrindo Portas" não era muito bom, de que havia algo mais, algo que não conseguia adivinhar.

— "Abrir Portas" não dava conta da profundidade com a qual eu me envolvia com o que estava fazendo e da paixão que eu colocava nas coisas em que estava envolvida — disse ela. — Por exemplo, eu nunca fui um simples membro das associações profissionais das quais participo; sou membro da diretoria, presidente ou faço parte do comitê. Na minha vida pessoal, quando meus filhos iam à creche, eu trabalhava lá como voluntária um dia por semana. Eu tinha um casamento difícil e abria portas levando para casa um livro, um anúncio de seminário para casais, uma fita de motivação ou encontrando um terapeuta.

Um ano depois do seminário, Mandy asssumiu o nome "Mergulhando" para o seu gênio. Ela interpretava a sua frustração por não ser capaz de engajar seu marido na melhoria do relacionamento como um indício de que "Abrindo Portas" não era exatamente o nome certo para o seu gênio. Ela teve de descascar mais a cebola.

Dizia ela:

— "O nome 'Mergulhando' fez mais do que explicar a dor que eu sentia por não conseguir engajar meu marido na relação com alguma intensidade. "Abrindo Portas" não explicava a minha frustração a esse respeito, e esse nome me fazia sentir cada vez mais vazia.

Mandy usou o nome "Mergulhando" para descrever o seu gênio nos quatro anos seguintes.

— Eu ainda considero esse nome muito verdadeiro — diz ela agora. — Mas notei que havia muitas coisas nas quais estava envolvida sem mergulhar nelas. Também notei que não sou detalhista, a não ser quando a questão na qual estou trabalhando é importante para mim e que não há mais ninguém para tratar dos detalhes. Então, eu lido com os detalhes, mas com constrangimento.

Mandy decidiu divorciar-se e, durante o ano seguinte a essa decisão, chegou a descobrir uma nova compreensão do seu gênio.

— Aquilo surgiu da compreensão de que, quando explicava às outras pessoas por que eu estava me divorciando, ficava dizendo muitas e muitas vezes: "eu não conseguia fazer aquilo funcionar". Então, comecei a pensar que o meu gênio é "Fazendo Funcionar". Não me basta ser uma mera observadora das coisas que me interessam. Eu entro no clima de consertá-las.

Ela acha que essa descrição do seu gênio encaixa-se confortavelmente.

— Fui arrastada para o meu trabalho com a finalidade de encontrar recursos a serem aplicados em situações que não funcionam. "Fazendo Funcionar" explica muito bem o meu trabalho. Também explica como eu sempre estive ao lado dos meu filhos e de outras pessoas importantes na minha vida. E explica a minha antiga frustração com o meu casamento. "Abrir Portas" e "Mergulhar" são simplesmente estratégias que eu uso para fazer funcionar.

Não é comum passar cinco anos explorando o seu gênio, como fez Mandy. Muitas pessoas encontram um nome que se encaixa e o mantêm. Outros descobrem sentidos mais profundos por trás do nome escolhido. O gênio não mudou, apenas a profundidade do conhecimento e a consciência de que o que logo de início podemos tomar como gênio não é absolutamente gênio, mas uma habilidade ou estratégia aprendida.

Miscelânea de Sugestões

- **PENSAMENTOS INTRUSOS**

Observe como pensamentos intrusos vêm à sua mente enquanto você está buscando um nome para o seu gênio. Trate esses pensamentos alheios como possíveis pistas para chegar até ele.

- **VINTE PERGUNTAS**

Você se lembra do jogo das Vinte Perguntas? Ele é assim: eu penso numa pessoa, objeto ou acontecimento, e você pode fazer vinte perguntas para tentar adivinhar no que eu estou pensando. As perguntas têm de ter respostas do tipo "sim" ou "não". Você pode jogar o jogo das Vinte Perguntas com o seu gênio para tentar descobrir o nome dele.

Sente-se tranqüilamente e por alguns minutos com os olhos fechados e com seu diário à sua frente. Imagine que o seu gênio está na sala com você. Então, abra os olhos e comece a escrever as perguntas para ele a respeito do nome dele. Ouça dentro de você as respostas "sim" ou "não", e grave-as também. Confie na sua intuição a respeito das respostas que obtém. Registre as perguntas e as respostas. Também registre suas considerações a respeito de quais perguntas irá fazer. Não pergunte diretamente "Qual é o seu nome?". Em vez disso, faça perguntas que surjam da sua intuição relativa ao seu gênio, como "O seu nome tem algo que ver com clareza?" ou "O seu nome é metafórico?" ou "estou no caminho certo?"

Condições da Experiência

- Você tem um gênio.
- Você tem apenas um gênio.
- O seu gênio tem estado com você a vida toda.
- O seu gênio é um dom que você oferece a si mesmo e aos outros.
- O seu gênio é natural e espontâneo, e uma fonte de sucesso.
- O seu gênio é uma força positiva.
- O nome que você der ao seu gênio pode ser literal ou metafórico, mas ele deve conter apenas um verbo e um substantivo.
- O seu gênio não é o que você gostaria que ele fosse; ele é o que é.

7

Buscando em Conjunto

Cada alma traz a configuração específica da energia vital que ela é para as necessidades da escola na Terra.

— GARY ZUKAV

Estou sentado em um círculo com outras quinze pessoas numa sala clara, com painéis de carvalho. Através das largas janelas, podemos ver a neve caindo delicadamente na frágil grama do jardim e na terra congelada. Todas essas pessoas vieram até aqui para dar nome a seus gênios. Sou o guia delas. É domingo de manhã; estamos aqui desde a noite de sexta-feira.

Desde que chegamos, conversamos a respeito do gênio e da observação e da frustração. As pessoas contaram suas histórias umas às outras e criaram listas de palavras. Elas vêm buscando a intenção primordial que está por trás das habilidades e das atividades de que gostam e juntaram muitas peças dos seus quebra-cabeças.

Nove pessoas estão usando etiquetas com os nomes que escolheram para seus gênios. Também estou usando uma; ela diz: "Criando Clareza." Essas etiquetas são um dispositivo para encorajar as pessoas a dar um nome a seus gênios e para ajudá-las a determinar até onde já fomos.

Marie: "Explorando Trilhas"

No início de cada sessão, os que mudaram suas etiquetas desde a sessão anterior estão convidados para conversar a respeito do nome que encontraram para o seu gênio. Ontem, Marie estava usando uma etiqueta com o nome "Encontrando o Caminho". Hoje, ela diz "Explorando Trilhas". Marie fala do seu impulso de manter abertas todas as opções e continuamente encontrar outras novas. Ela escreve poemas e livros para crianças. É ceramista e pintora, escultora, jardineira e cozinheira de pratos refinados. Está fazendo experiências com *stêncil* e colagem. Num ambiente mais crítico, ela seria chamada de "distraída", "dispersiva" e "pau para toda obra, mas especialista em nada". Aqui, contudo, aplaudimos o seu gênio pela sua riqueza e diversidade.

Ela diz o seguinte:

— "Encontrando o Caminho" simplesmente não se encaixava porque ele soa como se eu estivesse procurando o caminho certo. Não é nada disso que estou fazendo. Acho que todos os meus caminhos de algum modo são corretos, e quero explorá-los.

Frank, que não está usando uma etiqueta, fala de sua luta para encontrar o nome certo para o seu gênio. Ele diz que parece não estar chegando a lugar algum. Com uma risada, comenta: — Estou começando a achar que o meu gênio é "Evitando a Mim Mesmo."

A etiqueta de Sam diz "Conversando Sobre Tudo", mas ele acha que esse nome ainda não é apropriado. Ele diz que quer mais ajuda do grupo antes de terminarmos.

Carmen também diz que quer conversar mais a respeito do seu gênio. Sua etiqueta diz "Criando Esperança".

Ann, que também não está usando etiqueta, diz o seguinte: — Por que isso é tão difícil? Se o meu gênio é tão natural ao meu ser, por que não posso encontrá-lo? Não deveria ser assim tão difícil.

Perda da Consciência

Ann está certa; não deveria ser difícil. Mas geralmente é. Embora dar nome ao seu gênio signifique simplesmente descobrir um aspecto natural de si mesmo, isso pode ser um desafio que resulta dos anos de falta de atenção para com o seu gênio ou da falta de respeito para com ele de sua parte ou da parte das pessoas que são importantes em sua vida.

A maioria das pessoas não tem consciência do próprio gênio. Há pelo menos três motivos para isso. Primeiro, o seu gênio é espontâneo e natural; portanto, você não tem nem sequer de pensar nele. Você simplesmente faz isso, embora a falta de consciência possa impedi-lo de expressá-lo inteiramente ou de usá-lo da melhor maneira.

Em segundo lugar, como já mencionei no capítulo 4, muitos de nós recebem mensagens negativas a respeito do seu gênio. Outros podem dizer que somos espertos demais para o nosso próprio bem, ou sensíveis demais, ou emotivos demais, ou exigentes demais, ou que temos qualquer outro defeito. Joyce, cujo gênio é "Cavando Mais Fundo", já foi chamada de fanática. Francine, cujo gênio é "Envolvendo o Coração", foi chamada de mole. Dave, cujo gênio é "Endireitando", foi chamado de compulsivo. Eu fui rotulado de muito emotivo. Fanática, mole, compulsivo e emotivo são os rótulos negativos das outras pessoas para características nossas que têm muito valor quando são bem compreendidas e bem utilizadas. Essas críticas podem levar-nos a negar o nosso gênio para obter a aprovação dos outros.

Em terceiro lugar, o seu gênio pode causar problemas se você o invocar em situações nas quais outras pessoas não o querem nem o valorizam. Por exemplo, algumas vezes tentei ajudar os outros a lidar com a própria raiva engajando-os numa discussão que pretendia criar clareza a respeito do motivo pelo qual estavam zangados. Às vezes, o outro apenas queria estar zangado, e não queria entender aquilo ainda, se é que algum dia iria querer. Eu geralmente acabo me sentindo frustrado nessas situações, e também posso frustrar a outra pessoa. Às vezes, ela responde voltando a própria raiva contra mim.

Definitivamente, não é uma boa idéia para mim tentar ajudar uma pessoa a criar clareza a respeito do motivo por que está zangada comigo. A última coisa que alguém quer nessa situação é a minha tentativa desajeitada, embora bem-intencionada, de ajudá-lo a ser claro. Se você forçar o seu gênio a ir aonde ele não é bem-vindo, e se fizer isso com muita freqüência, as reações dos outros podem fazer com que você desconfie do seu gênio. Às vezes, as pessoas simplesmente não querem o seu dom. Às vezes, o seu gênio não lhes convém.

Não importa o motivo pelo qual você pode ignorar o seu gênio; ter consciência dele é um dos presentes mais valiosos e mais significativos que você pode oferecer a si mesmo.

Ann: "Sentindo Profundamente"

Ann continua dizendo: — Estou bastante frustrada com a invisibilidade do meu gênio.

As pessoas desse grupo aprenderam que compartilhar o que observam a respeito umas das outras, sem crítica, pode ser um grande favor.

Frank diz a ela:

— O que eu noto em você, Ann, é que você parece realmente entrar em contato com a emoção das pessoas. Você parece ficar triste quando alguém está passando por um momento difícil e ri com facilidade quando alguém está rindo. Quando eu fiquei frustrado ontem, você pareceu entender o que eu sentia muito bem.

— Eu entendo — responde Ann —; é por isso que eu acho que o meu gênio tem algo que ver com as outras pessoas.

Aconselho Ann a concentrar-se no seu processo interior e não nas suas manifestações exteriores, que são indícios, embora o gênio seja um processo interno. Por definição, o gênio é um dom que se oferece a outras pessoas. A pergunta que precisa ser feita é: "Qual é o meu dom exclusivo?" Eu quero que Ann perceba que ela ajuda os outros do modo como ajuda a si mesma, e que o seu modo de fazer isso é apenas dela.

Marie concorda, dizendo:

— O primeiro nome que encontrei para o meu gênio era "Ajudando os Outros". Mudei para "Encontrar o Caminho", pensando que o meu método específico de ser útil era ajudar os outros a encontrar o seu caminho. Agora, eu o chamo de "Explorando Trilhas". Eu exploro todas essas trilhas para mim mesma, de modo que, quando alguém mais está parado, geralmente eu posso ajudá-lo a encontrar um caminho para sair da estagnação.

Confiando num palpite, pergunto a Ann:

— O que em você está sendo contrariado neste momento?

— Não sei, não consigo saber — responde ela. — Mas enquanto

Frank falava, eu estava pensando na minha profissão anterior. Eu trabalhei como enfermeira. Abandonei essa profissão porque ela estava acabando comigo.

Ann está prestando atenção em um pensamento aparentemente estranho, que geralmente é uma pista importante a respeito do gênio.

— Como é que isso estava acabando com você? — perguntei.

De repente, Ann parece chocada. Seu rosto se contrai. Ela se inclina, escondendo-o nas mãos. Seus ombros se sacodem. Ela está chorando.

Ann se endireita novamente, com as lágrimas escorrendo-lhe pelo rosto.

— Sim — responde suavemente —, o meu gênio é "Sentindo Profundamente". Eu sempre sou aquela que chora mais ou que ri mais, que se sente mais frustrada ou que fica mais zangada. É por isso que tive de deixar de ser enfermeira. Eu realmente acho que sinto a dor das outras pessoas. Era dor demais para mim.

A sala está silenciosa, todos os olhares estão fixos em Ann, quando um sorriso começa a brilhar em meio às lágrimas. Ela se encosta na cadeira, relaxa, respira fundo.

Ann começa a rir.

— Isso tem me acompanhado o tempo todo; mas como me causava tanta dor quando eu era enfermeira, acho que tentei rejeitar.

Então, ela exclama:

— Meu Deus! Como me fez bem chorar!

Todos nós rimos. Ann não só nos contou a respeito do seu gênio, mas também permitiu-nos ver o seu dom em ação. Ela chora com facilidade e ri com facilidade porque sente tudo profundamente.

Quando a risada termina, eu pergunto:

— Quem é o próximo?

Carmen: "Descobrindo o Positivo"

Na etiqueta de Carmen lê-se: "Criando Esperança". Ela diz:

— Estou chegando perto, mas ainda não é isso.

O grupo já contou histórias de sucesso e falou de coisas que pareciam fluir. Pergunto a ela:

— Que conceitos extraídos das suas histórias são interessantes para você?

Ela consulta suas anotações e diz:

— Quando contei minhas histórias, falei a respeito de liderança, de identificação de oportunidades, de desenvolvimento de pessoas e idéias, de fazer uma contribuição e de enfrentar riscos.

— Todos são conceitos relacionados com a esperança — diz Ann.

Carmen responde:

— Andei pensando que o meu gênio tinha algo que ver com a esperança, mas não estou tão certa disso.

Ann pede-lhe que fale mais sobre isso.

— Sempre tentei ver o lado positivo das pessoas e das situações. Fico frustrada com o meu marido quando ele fica deprimido. Tento fazer com que ele olhe para o lado positivo, que tenha esperança, que veja o positivo. Às vezes, ele apenas quer desabafar.

Carmen está nos fornecendo chaves sobre o seu gênio. Sua frustração a respeito do marido é um sinal de que o gênio dele se sente frustrado. Ela quer que ele se anime, ele quer desabafar.

Diz ela:

— A esperança não é o conceito certo. Eu apenas quero ser capaz de ver o positivo onde ele existir. Talvez o meu gênio seja "Vendo o Positivo".

Peço a ela que escolha alguém do grupo, que olhe para essa pessoa nos olhos e diga: "O meu gênio é 'Vendo o Positivo'."

Ela escolhe Ann e faz o que eu sugeri. Observamos a reação dela enquanto diz essas palavras. Carmen parece sentir dúvida e incerta. Quando termina de falar, franze os lábios e balança a cabeça de um lado para o outro.

— Não — diz ela. — Isso não está certo.

— O que é que está errado? — pergunto.

— O conceito de ver é passivo demais — ela responde. — Eu faço mais do que simplesmente ver. Às vezes, o positivo está bem à minha frente e há mais coisas para eu ver. Mas outras vezes eu tenho de encontrá-lo porque ele não é evidente.

— Então, será que não é "Descobrindo o Positivo"? — pergunta Ann.

— É isso! É isso! "Descobrindo o Positivo!" Carmen está sorrindo muito. Ela também está balançando-se levemente, para cima e para baixo na cadeira.

Pergunto a ela:

— Você se importaria de olhar mais uma vez para Ann e de dizer a ela: "O meu gênio é 'Descobrindo o Positivo'?"

Novamente, Carmen se volta para Ann e diz as palavras: "O meu gênio é 'Descobrindo o Positivo'."

Ela diz isso com firmeza, com convicção, e todos, incluindo a própria Carmen, sabem que ela encontrou o seu gênio.

Frank: "Buscando Pistas"

Stan, em cuja etiqueta lê-se "Construindo Pontes", diz a Frank:

— Você me surpreende. Você observa tudo. Sempre é você que fornece as pistas certas às pessoas. Como o que você disse a Ann a respeito de ela ler os sentimentos das outras pessoas. Isso poderia ter algo que ver com o seu gênio?

Frank parece intrigado, já que não reconhece isso em si mesmo. Outras pessoas balançam a cabeça para confirmar a observação de Stan.

— Minha mulher sempre me diz que eu sei tudo o que acontece — diz ele.

Ele também diz, num aparte para Marie, que está sentada ao seu lado:

— Eu não tenho a menor pista.

Geralmente, esses apartes, que eu chamo de "desperdícios", são significativos para o gênio de uma pessoa. Começo a imaginar se o gênio de Frank tem algo que ver com pistas.

Marie pergunta:

— Quais são os seus passatempos, Frank?

Coerente com o seu gênio, ela o está convidando a explorar outra trilha.

— Fotografo a vida selvagem — responde ele. — Gosto de buscar pistas nos bosques, pegadas. A fotografia é realmente secundária; é a prova de que eu encontrei o que estava procurando.

Tenho outro palpite.

— O seu gênio poderia ser algo como "Buscando Pistas"? — pergunto. Agora, Frank está olhando diretamente para mim e seus olhos aumentam de tamanho. Acho que estou perto de alguma coisa, mas sei que o próprio Frank tem de chegar ao gênio dele. Vou tentar explicar o meu palpite, sem convencê-lo da sua validade. É muito importante nessas sessões deixar que as pessoas cheguem às suas próprias conclusões.

— Você está buscando pistas da vida selvagem nos bosques. Você tem buscado pistas a respeito do gênio das outras pessoas. Parece que você quer que os outros recebam a dádiva das pistas que você sugere.

Também sei que essas observações são manifestações externas do gênio de Frank. Então, pergunto:

— Você procura pistas a respeito de si mesmo?

— Sim, e muito — responde ele. — Leio tudo o que existe a respeito de auto-ajuda. Faço todos os exercícios que estão nos livros. Estou aqui neste seminário procurando pistas a respeito de mim mesmo.

Frank dá um largo sorriso, e eu sei que ele tem o nome do seu gênio. Ele procura uma etiqueta e nela escreve: "Buscando Pistas."

Sam: "Gerando Calor"

Volto minha atenção para Sam, que antes havia pedido mais tempo. Sua etiqueta diz: "Batendo Papo." Ele a retira.

— Sei que este nome não está certo — diz ele. — Ele parece certo porque aqui eu estou desabafando novamente. Mas há algo mais por baixo disto; outra camada da cebola. Não acho que "Batendo Papo" seja a minha intenção primordial, mas não sei qual é ela.

— Como o seu gênio é um dom que você tenta oferecer às outras pessoas, o que elas conseguem de você geralmente é uma pista importante. Eu, por exemplo, estou tentando oferecer-lhe clareza a respeito do seu gênio.

Pergunto ao grupo:

— Qual dom vocês recebem do Sam?

Outro membro do grupo, Tim, responde imediatamente.

— Calor — diz ele.

O resto do grupo aprova em coro.

— Bem, é por isso que eu gosto de bater papo com as pessoas — diz Sam. — Gosto da sensação de calor que isso cria entre nós. Às vezes, não importa a respeito do que estamos falando, contanto que eu tenha essa sensação.

— Há outras maneiras de criar calor? — pergunto.

— Não é "Criar Calor", é "Gerar Calor" — diz ele. — Fica melhor. Um grande sorriso se espalha pelo rosto de Sam, e todos nós nos aquecemos com o seu calor.

Tenho de ser cuidadoso. Meu gênio é "Criando Clareza"; então, geralmente, eu uso a palavra "criando" nos meus palpites sobre o gênio das outras pessoas.

Voltando à minha pergunta anterior sobre outros modos de gerar calor, Sam diz:

— Eu gosto de dar presentes às pessoas sem nenhuma razão especial. Isso me traz calor. Também gosto de receber presentes. Além disso, gosto de ligar para os amigos apenas para dizer "oi". Você devia ver a minha conta telefônica.

Então ele ri e explica:

— É embaraçoso dizer isso, mas na minha casa tenho um aquecedor a gás, um aquecedor elétrico sobressalente, uma lareira e um aquecedor a querosene para emergências. Acho que gerar calor é muito importante para mim.

Sam procura uma nova etiqueta. E escreve: "Gerando Calor."

Martin: "Buscando Entendimento"

Martin está usando uma etiqueta que diz "Resolvendo Problemas". Ele não pediu tempo durante essa reunião para falar mais do seu gênio. Agora diz:

— Eu sei que não está certo.

Embora resolver problemas possa muito bem ser o gênio de alguém, desconfio que Martin não tenha descascado suficientemente a cebola. Resolver problemas pode ser encarado mais como um conjunto de habilidades aprendidas do que como um poder natural único.

Eu o convido a descascar mais a cebola.

— Somos todos, de algum modo, pessoas que resolvem problemas — digo-lhe. — Fico imaginando o que há de especial no seu modo de resolver problemas. Também fico imaginando se essa qualidade especial não se manifesta na sua vida de outras maneiras, além de resolver problemas.

— O que é que você faz quando resolve problemas? — pergunta Frank.

Martin responde:

— Fico tão envolvido quanto posso com o problema. Leio a respeito dele. Converso com o maior número possível de pessoas. Navego na Internet. Tomo muitas notas. Penso nele constantemente. Dou longos passeios para ponderá-lo. Isso com os grandes problemas. Mas eu também gosto dos pequenos, assim como pôr ordem no meu armário ou imaginar onde vou colocar a grelha para o churrasco.

Isso está começando a ser familiar para mim. Desconfio que o gênio de Martin é parecido com o meu.

Então ele diz:

— Acabei de pensar em uma coisa. Os problemas são como um canal para mim, assim como pintar é um canal para um artista ou as palavras são um canal para um escritor.

— Você pinta ou escreve? — perguntei.

— Eu costumava fazer as duas coisas — responde ele. — Mas não tenho feito nenhuma das duas há algum tempo.

— Do que você gosta na pintura e na escrita?

— Elas começam com o desconhecido — diz ele. — Quando eu pintava e escrevia, comecei com a idéia de que havia algo que eu não sabia, algo que ignorava, algo que eu queria entender. A pintura e a escrita eram as minhas maneiras de buscar esse entendimento.

Marie entra na conversa:

— O seu gênio poderia ser algo como "Buscando Entendimento"?

— Sim — diz Martin calmamente. A sala está em silêncio enquanto o observamos com o olhar perdido no espaço.

— Sim — repete ele. — É nisso que consiste a solução do problema, também. E é por isso que eu gostei de todo esse processo de dar nome ao meu gênio.

Diretrizes Para a Busca em Conjunto

Espero que, ao contar-lhes a respeito de Ann, de Frank, de Carmen, de Sam e de Martin, eu tenha lhes oferecido o sabor de conversar com outras pessoas enquanto você tenta dar um nome ao seu gênio. Essas discussões geralmente têm duas pistas, onde ambas as pessoas tentam ajudar uma à outra. Eis doze diretrizes para a discussão:

- **VOCÊ É O ÚNICO ESPECIALISTA**

Lembre-se, antes de mais nada, que você é o único especialista no que se refere ao seu gênio. Só você conhece a sua intenção primordial, mesmo que esteja lutando para descobri-la. Resista a qualquer tentação de convencer outra pessoa de que sabe o nome correto para o gênio dela. Se você estiver certo, a outra pessoa descobrirá isso também. Se estiver errado, você a levará a um caminho que não leva a resultado algum. Se outra pessoa tentar convencê-lo de que sabe o nome correto para o seu gênio, mas você não tiver a sensação de que esse nome está certo, peça a ela para tentar convencê-lo.

- **OBSERVE E OUÇA**

Há duas maneiras de outras pessoas o ajudarem a dar nome ao seu gênio: primeiro, dizendo-lhe o que elas observam em você; depois, ouvindo bem. Da mesma maneira, você pode ajudar os outros contando-lhes o que observa e ouvindo bem o que eles dizem. Conte o que você observa sem julgar.

- **OUÇA SEM CRÍTICAS**

Ao escolher alguém com quem quer conversar a respeito do seu gênio, escolha um bom ouvinte; alguém que ouça sem fazer críticas. Por exemplo: era importante para Marie não ser rotulada de "pau para toda obra e mestre em nenhuma".

- **AMIGOS OU ESTRANHOS, NÃO IMPORTA**

Não é essencial que a outra pessoa o conheça bem. As pessoas que o conhecem bem têm importantes informações a seu respeito, mas às vezes elas têm noções tão preconcebidas que é difícil vê-lo de outra maneira. Elas também podem tentar convencê-lo de que você é quem elas pensam que é, em vez de deixarem que você passe pelo processo pelo qual você precisa passar para descobrir o seu gênio. É raro, no seminário sobre o gênio, que as pessoas conheçam bem umas às outras, mas elas são realmente capazes de ajudar-se simplesmente observando umas às outras, não sendo críticas e ouvindo. Se você quiser escolher alguém que o conhece bem, escolha uma pessoa que possa fazer essas três coisas.

- **PROCURE A RESPOSTA FÍSICA**

Lembre-se de procurar a resposta física que indica a sensação de que o nome do seu gênio está certo. A resposta pode ser um sorriso, lágrimas, um olhar de choque ou de surpresa ou alguma outra reação. Geralmente, não é algo como a resposta de Ann. O sorriso de reconhecimento de Frank é mais comum. Assim, quando as pessoas estão tentando ajudar umas às outras a dar nome aos seus gênios, é importante que olhem umas para as outras.

- **MONTEM JUNTOS O QUEBRA-CABEÇA**

Lembre-se de que tentar dar nome ao seu gênio é como montar um quebra-cabeça de quinhentas peças. Quando duas pessoas estão tentando se ajudar, é como tentar cooperar para montar ao mesmo tempo dois quebra-cabeças de quinhentas peças. Trabalhem com um de cada vez. Alternem. Se parecer que vocês não estão chegando a lugar nenhum com um dos quebra-cabeças, trabalhem com o outro por algum tempo. Se parecer que vocês não estão indo a lugar algum com os dois quebra-cabeças, façam um intervalo.

- **LEMBREM-SE DAS CONDIÇÕES**

Lembrem um ao outro, com freqüência, as oito premissas da experiência mental para dar nome ao seu gênio. Elas estão descritas detalhadamente no capítulo 1. Eis um sumário.

1. Você realmente tem um gênio.
2. Você tem apenas um gênio.
3. O seu gênio tem estado com você a vida toda.
4. O seu gênio é uma dádiva que você oferece a si mesmo e aos outros.
5. O seu gênio é natural e espontâneo, e é uma fonte de sucesso.
6. O seu gênio é uma força positiva.
7. O nome do seu gênio pode ser literal ou metafórico, mas deve ter apenas um verbo e um substantivo. O verbo deve ser progressivo, isto é, terminar no gerúndio.
8. O seu gênio não é o que você quer que ele seja; ele é o que é.

• OBSERVE O QUE ACONTECE

Observe o que a outra pessoa faz quando ela tenta encontrar um nome. Procure sinais de frustração e pergunte: "O que em você está sendo contrariado neste momento?" Também procure sinais de que o gênio dessa pessoa está obstruindo o próprio caminho. Se a pessoa disser: "Consegui!", mas continua procurando em outros lugares, será que o gênio dela não tem algo a ver com considerar alternativas? Não fique tão preso ao conteúdo da discussão a ponto de deixar de notar o que está acontecendo bem à sua frente.

• ELE É UM PRESENTE PARA VOCÊ MESMO

Lembre-se de que o que você faz para as outras pessoas, no seu trabalho e nos seus passatempos, são manifestações externas do seu gênio; por isso, são pistas importantes. Porém, pergunte sempre, como eu perguntei a Frank: "Você dá esse presente a si mesmo?" Por exemplo, Marie dá a si mesma o presente de explorar trilhas, Frank busca pistas a respeito de si próprio e Ann sente profundamente os próprios sentimentos. Por isso eles são capazes de ajudar outras pessoas a fazer essas coisas.

• OBSERVE O QUE OS OUTROS LHE OFERECEM

Outro modo de ajudar alguém a dar um nome ao próprio gênio é conversar a respeito do presente que você recebe desse alguém. Sam, por exemplo, chegou ao nome "Gerando Calor" porque Tim disse que recebia calor de Sam. Você pode perguntar aos outros: "Que presente você recebe de mim?"

• CONFIE NAS SUAS INTUIÇÕES

Confie na própria intuição. Enquanto o grupo estava ajudando Ann, ela pensou na sua profissão anterior, de enfermeira. Conversar sobre esse pensamento aparentemente intruso ajudou-a a dar nome ao seu gênio. Não permita que um pensamento escape.

Além disso, conte às outras pessoas que palpites você tem sobre os gênios delas. Só não fique apegado demais aos seus palpites ou você poderá obstruir o esforço das outras pessoas.

• DIVIRTA-SE!

Sugestões Para Serem Usadas Pelos Grupos

Qualquer um dos meios sugeridos nos capítulos anteriores também pode ser utilizado em grupos. Um grupo pode decidir usar um meio específico nas reuniões ou deixar que todas as pessoas trabalhem no seu próprio ritmo e sigam suas próprias inclinações. Como já aconselhei a fazer com os outros meios sugeridos neste livro, escolha primeiramente os que parecem atraentes para o grupo.

CONTANDO HISTÓRIAS

A técnica de contar histórias, explicada no capítulo 5, é particularmente eficiente com grupos. Ela envolve os seis passos seguintes:

1. Leia o capítulo 5 para ter uma idéia do que é este exercício.
2. Em duplas, cada pessoa conta três histórias a respeito de si mesma. As histórias podem relacionar-se a momentos da sua vida em que:
   - Você foi bem-sucedido;
   - Você se sentiu bem consigo mesmo;
   - As coisas pareceram fluir naturalmente.

   As histórias podem ser de qualquer período da sua vida e de qualquer contexto — trabalho, vida em família, encontros com amigos e assim por diante.

   Você tem permissão para gabar-se a respeito de alguma coisa maravilhosa que realizou. De fato, gabar-se é um aspecto essencial deste exercício.

   Quando contar as histórias, lembre-se de:
   - Concentrar sua atenção na descrição do que você fez — fale do que você faz mais do que da situação;
   - Usar com freqüência a palavra "eu".
3. A segunda pessoa da dupla (a que ouve) toma notas das histórias num pedaço de papel com uma linha desenhada verticalmente no centro. No topo da página, ela dá um título aos verbos da coluna da esquerda (ações realizadas) e aos objetos da coluna da direita (para os quais a ação foi dirigida).

   Enquanto ouve as histórias, fique atento a todas as vezes em que a pessoa que as está contando diz "eu..." As palavras a seguir geralmente continuarão as listas. Por exemplo, se a pessoa diz "Eu encorajei outras pessoas a se envolverem", a palavra "encorajei" vai na coluna da esquerda. As palavras "outras pessoas" vão para a coluna da direita. Isso nem sempre é tão claro; você terá de usar o seu bom senso a respeito de algumas frases.

Outro exemplo: se a pessoa disser: "Eu fiquei orgulhoso", escreva a palavra "orgulhoso" na coluna da esquerda. Não escreva nada na da direita.

A idéia é fazer uma lista de palavras que o narrador usa para descrever a si mesmo. Não se preocupe demais para colocar as palavras na coluna certa. É mais importante escrever as palavras do que colocá-las na coluna certa. Você está ouvindo palavras que podem ser indícios para dar o nome ao gênio da pessoa em questão.

4. Ao terminar as histórias, o ouvinte entrega as anotações para o narrador. Fale sobre as anotações para esclarecê-las. Converse também a respeito de intuições ou palpites sobre o gênio do narrador que surgem das histórias.
5. Troque os papéis. Agora o narrador torna-se o ouvinte e vice-versa.
6. Quando as duas pessoas tiverem completado suas listas, elas procuram palavra por palavra da sua lista, circulando ou sublinhando as que chamaram a sua atenção. Não se preocupe com o motivo pelo qual elas parecem ser mais atraentes. Deixe que sua intuição as escolha.

   Essas palavras são parte do seu quebra-cabeça. Às vezes, as palavras que descrevem o seu gênio estão na página das notas. Entretanto, as palavras quase sempre formam agrupamentos ou associações que indicam que há algo mais (o seu gênio) sob a superfície. Você terá de descascar a cebola um pouquinho mais.

   Procure os denominadores comuns das palavras da sua lista.

   Lembre-se de mudar todos os verbos para o gerúndio; as terminações -ando, -endo, -indo indicam um processo contínuo.

PRESENTES DOS OUTROS

Uma grande vantagem de se trabalhar com um grupo para descobrir o seu gênio é que os outros podem fornecer-lhe informações que são pistas a respeito do seu gênio. Peça às pessoas do grupo que respondam às três questões abaixo a seu respeito. Peça-lhes para olhá-lo nos olhos com calma, para vê-lo com olhos atentos, em vez de observá-lo com olhos julgadores e críticos. Neste exercício, você tem a autorização e o encorajamento para buscar e oferecer cumprimentos. A crítica não é bem-vinda.

O que eu observo a seu respeito é. ____________________________

A dádiva que eu recebo de você é. ____________________________

Eu posso contar com você para. ____________________________

EXPONDO-SE

Um teste para saber se o nome do seu gênio está certo é anunciá-lo para o grupo. Diga ao grupo: "O meu gênio é ____________." Como você se sente dizendo isso em voz alta? Se não sente absolutamente nada, provavelmente você ainda não encontrou o seu gênio. Tem de haver alguma energia emocional. Às vezes, a energia é puro nervosismo e relutância por abrir-se tanto a uma coisa tão especial a seu respeito. Às vezes, é a pura alegria da autodescoberta. Às vezes, é o orgulho de anunciar um aspecto maravilhoso de você mesmo.

Observe e ouça os outros quando eles fazem isso. Logo, você será capaz de dizer quando uma pessoa já encontrou o nome certo. Por exemplo, se a pessoa está balançando a cabeça de um lado para o outro quando está falando com o grupo, o nome provavelmente está errado. Se a pessoa diz a frase e depois encolhe os ombros como se não fosse grande coisa, o nome provavelmente está errado. Se ela se ilumina, sorri ou parece satisfeita logo depois de dizer a frase, o nome, provavelmente, está certo.

Lembre-se de que decidir se o nome do seu gênio ou o nome do gênio de outra pessoa está correto não é uma questão de julgamento intelectual. É uma questão sensação sentida se esse nome se encaixa ou não. As reações físicas para anunciar o nome para as outras pessoas são indicadoras dessa sensação sentida.

PALAVRAS IMPENSADAS

São palavras que a pessoa diz sobre si mesma espontaneamente, em geral de brincadeira, como se o comentário fosse um aparte e não devesse ser levado a sério. Em geral, essas palavras são indicações de que o gênio está por perto, espreitando. Por exemplo, a expressão de Frank, "não tenho uma pista", foi uma indicação para o seu gênio, "Buscando Pistas".

Observe as palavras que as pessoas dizem. Elas provavelmente não percebem o que estão dizendo. Quando você observa em alguém esse tipo de afirmação, você pode perguntar: "Isso tem algo que ver com o seu gênio?" Em geral, tem; e às vezes, não tem.

Peça às pessoas para observar melhor o que dizem aparentemente sem pensar, e comece a observá-lo você mesmo.

ETIQUETAS

Quando você achar que, talvez, tenha um novo nome para o seu gênio, use uma etiqueta com esse nome. Isso irá encorajar a atenção para com o seu gênio; a sua atenção e a dos outros. Isso também vai permitir que você experimente metaforicamente outro nome e o use por algum tempo para ver se ele lhe cai bem no mesmo sentido que uma roupa cai bem ou não.

Mude a sua etiqueta sempre que uma nova possibilidade lhe ocorrer. Quando você olhar para ela, pode ver a si mesmo dizendo: "Isso não está certo." Se for assim, confie nesse impulso e continue buscando um nome.

Quando chegar ao nome que parece certo, você provavelmente ficará satisfeito ao escrevê-lo e colocá-lo em si mesmo.

GESTOS

Durante um seminário parecido com o que eu descrevi neste capítulo, um homem fazia a toda hora um gesto com as mãos enquanto falava do seu gênio. O gesto consistia em bater com o lado da mão direita na palma da mão esquerda. Eu notei o gesto e, num palpite, perguntei-lhe se ele achava que aquilo poderia dizer-lhe alguma coisa sobre o seu gênio. Ele disse que o gesto era uma expressão do seu desejo de "recortar" todos os dados que ele tinha a respeito do seu gênio e chegar a um nome. Ele chamava o seu gênio de "Recortando". Quando você trabalhar com outras pessoas para descobrir qual é o gênio delas, preste atenção nesses gestos repetitivos.

Diretrizes Para a Busca em Conjunto

Você é o único especialista.
Observe e ouça.
Ouça sem críticas.
Amigos ou estranhos, não importa.
Procure a resposta física.
Montem juntos o quebra-cabeça.
Lembrem-se das condições.
Observe o que acontece.
Ele é um presente para você mesmo.
Observe que os outros lhe oferecem.
Confie nas suas intuições.
Divirta-se!

8

Comprometimento Com Uma Missão

Ser humano diz respeito a algo além de você mesmo.

— VICTOR FRANKL

Ao longo da estrada entre as aldeias de Siggiewi e Ghar Lapsi, na ilha de Malta, há um grupo de prédios chamado Id-Dar tal-Provvidenza, A Casa da Divina Providência. É uma casa para pessoas com problemas físicos e mentais concebida e criada por um padre maltês, Monsenhor Mikiel Azzopardi. Ele é uma das pessoas mais admiráveis e memoráveis que já conheci. Esta é a história dele, uma história de compromisso e missão.

No início dos anos 20, o jovem Azzopardi estudava direito na Universidade de Malta, mas mudou para teologia quando ficou claro para ele que desejava seguir sua vocação para padre. No final da década, ele recebeu a oportunidade de estudar no Instituto Gregoriano, em Roma. Ele encarou essa oportunidade como uma grande honra, ficou entusiasmado por tê-la recebido e sonhou com o prestígio que certamente viria ao seu encontro depois da diplomação. Pensou que estava destinado à grandeza e a uma vida de influência e serviço. Estava, sim, mas não da maneira como imaginava.

Azzopardi ficou surpreso e profundamente desapontado quando, depois de completar seus estudos em Roma, foi mandado de volta para Malta para ser vigário de uma paróquia.

Ele não permitiu que seus sonhos morressem, decidindo que, para ter o prestígio que certamente acreditava ser seu, teria de ser o melhor padre da paróquia que a Igreja Católica já havia tido.

Os anos se passaram. Ele ensinou religião numa escola secundária e dirigiu retiros para adolescentes. Atuou como capelão durante a Segunda Guerra Mundial. Presidiu um comitê para supervisionar a criação de um centro de cultura católico em Malta. Tornou-se assistente eclesiástico da Ação Católica de Malta. Viajou para o campo, visitando velhos e doentes. Trabalhou no rádio com programas semanais para aqueles que não podiam assistir à missa e com um *show* explicando o Evangelho todos os domingos.

Ele também fez descobertas surpreendentes e perturbadoras.

Azzopardi encontrou crianças com problemas físicos e mentais que eram escondidas pelas suas famílias. Havia crianças cuja existência era desconhecida dos vizinhos e crianças que ficavam trancadas durante o dia enquanto suas famílias trabalhavam no campo ou ganhavam a vida de outra maneira. Essas crianças o comoveram muito, assim como as famílias que as escondiam e cuja vergonha de as ter tido era profunda.

Ele começou a imaginar um lar para essas crianças, muitas das quais pertenciam a famílias pobres. Elas seriam tratadas e as famílias, aconselhadas.

No dia 12 de setembro de 1965, ele falou dessa idéia num programa de rádio, *A Hora dos Enfermos*. Quando voltou para casa, uma jovem estava de pé atrás da porta, segurando um envelope. Ela o estava esperando havia mais de quatro horas.

Ela lhe contou que tinha ouvido no rádio o seu apelo por um lar para as crianças com problemas. Estendeu a mão e ofereceu-lhe o envelope, explicando que continha o dinheiro que havia economizado para as férias. Ela estava lhe oferecendo esse dinheiro para começar, disse ela, "... o seu lar para as crianças".

Mais tarde, Azzopardi descreveu esse momento como um significativo momento de reviravolta em sua vida. Eu o ouvi dizer: "Eu sabia que, se pegasse aquele envelope, minha vida jamais seria o que eu esperava que fosse e que nunca mais seria a mesma." Até aquele momento, ele não havia pensado nesse lar como uma fundação que estaria a seu cargo.

Azzopardi hesitou por um instante, decidindo se iria comprometer-se com essa idéia, e depois pegou o envelope. Ele continha 100 libras maltesas, mais ou menos 300 dólares. Azzopardi servira como vigário numa paróquia durante trinta anos. Quando aconteceu o fato narrado acima, tinha 55 anos.

Hoje, trinta anos depois, Id-Dar tal-Provvidenza é uma fundação que abriga pessoas com problemas físicos e mentais em diferentes faixas etárias, e é mencionada como uma das melhores casas desse tipo na Europa. Azzopardi, com evidente orgulho, descreve o seu lar:

> Belos quartos arejados, áreas de recreação, capelas, jardins, lojas e salas de aula, cozinhas, salas de jantar, lavanderias, um centro de fisioterapia adequadamente equipado e um ginásio bonito e grande; um departamento de terapia ocupacional incluindo uma unidade de cerâmica, além de um grande salão para reuniões de funcionários, pais, benfeitores e amigos e para mostras de cinema e espetáculos de teatro, assim como para terapia musical e qualquer outra coisa que ajude a manter esses queridos "anjos" felizes e contentes.

Azzopardi morreu em 1987, depois de ter dedicado seus últimos 22 anos àqueles que carinhosamente chamava de seus "anjos", os residentes com problemas físicos e mentais de Id-Dar tal-Provvidenza. Muitos malteses pensam nele como num santo. Seu bom amigo, Lewis Portelli, escreveu a seu respeito logo após sua morte:

> Talvez uma de suas maiores realizações ... tenha sido o seu feito hercúleo de persuadir os pais e parentes a "fazer sair" seus deficientes, muitas vezes dos lugares "ocultos" onde eram mantidos. Ele era um dos que convenceram a todos de que ter um membro doente ou deficiente na família não era algo de que deviam envergonhar-se.

O gênio de Monsenhor Azzopardi

Meu único encontro com Azzopardi foi muito rápido, e não posso dizer como ele teria descrito o seu gênio. Lewis Portelli escreveu que Azzopardi estava "sempre olhando para a frente e para além". Ele era um visionário que via além do que existia e via o que poderia ser possível. Ele também via além da superfície rude da vida para atingir a beleza e o prodígio. Via além das deficiências das crianças e as via como "anjos". Via além da vergonha de suas famílias e via as pessoas em aflição. Ele via além do que Id-Dar tal-Provvidenza era em qualquer época específica, e via aquilo em que poderia e deveria tornar-se. Os primeiros residentes foram crianças, que se tornariam adolescentes e precisariam de um tipo diferente de lugar. Os adolescentes ficariam adultos. Ele via tudo isso, e Id-Dar tal-Provvidenza consiste hoje em três prédios: um para crianças, um para adolescentes e um para adultos. Quando ele estava estudando em Roma, via além daquele período para uma nova tarefa. E, quando recebeu a tarefa de servir numa paróquia em Malta, imediatamente começou a ver além dessa tarefa também.

Será que o gênio de Azzopardi era "Vendo Além"? Desconfio que sim, ou que é algo desse tipo. Talvez ele tivesse usado outras palavras para defini-lo.

Isso é especulação: estou contando a história de Azzopardi não tanto como uma história a respeito do gênio, mas mais como uma história que vai nos ajudar a conhecer nosso comprometimento e a missão que cabe a cada um.

Comprometimento ou Compromisso de Honra Com Uma Missão

O capítulo 1 apresentou quatro princípios para você fazer bom uso de sua vida:

1. Você tem um gênio, que é o seu dom especial e exclusivo para o universo em geral, e especialmente para as pessoas do seu convívio.
2. Para fazer um bom uso da sua vida é preciso que você siga o seu gênio.
3. Para fazer um bom uso da sua vida é preciso que você tenha um comprometimento e uma missão.
4. Seguir o seu gênio e comprometer-se com uma missão são significativamente reforçados quando você se cerca de apoio.

Os capítulos anteriores contêm os exercícios e as informações de que você precisa para descobrir e dar nome ao seu gênio. Ele é uma forma de energia, a energia da sua alma, a energia que é o seu dom exclusivo para o universo, a energia que é central para o seu ser. Essa energia existe para uma missão que só pode ser cumprida através dos comprometimentos que você assume. Esses comprometimentos dão expressão à sua missão na vida.

Victor Frankl diz o seguinte:

> Todos têm uma vocação específica ou uma missão na vida para cumprir uma tarefa concreta que exige realização. Nesse sentido, sua vida não pode ser devolvida, nem vivida mais de uma vez. Por isso, a tarefa de cada um é tão especial quanto a oportunidade específica de implementá-la.

O diagrama a seguir mostra a relação entre o gênio, o compromisso e a missão. Esses três elementos são cercados por uma galáxia de figuras que parecem estrelas. Estas representam elementos da sua personalidade e das suas condições de vida que alimentam o seu gênio e os seus compromissos e o apóiam na realização da sua missão.

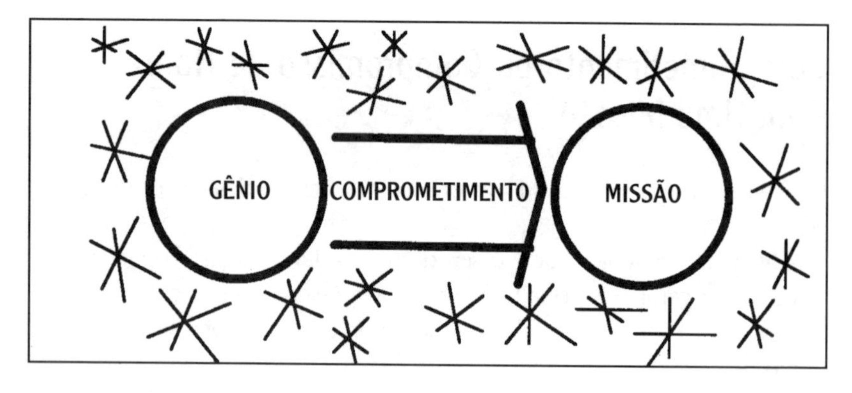

No final deste capítulo e nos capítulos seguintes, você examinará os papéis que os comprometimentos têm na sua vida, receberá indicações relativas à sua missão e descobrirá como dar mais apoio a si mesmo e como encontrar condições de vida que lhe ofereçam esse apoio.

Níveis de Comprometimento

O comprometimento é o ato de consagrar-se a algo ou a alguém. Há quatro formas de comprometimento. Uma delas é o comprometimento com alguma coisa apenas porque ela pode proporcionar-lhe algo mais. Isso pode ser chamado de comprometimento político e é a forma mais superficial. O comprometimento político é exposto todos os dias ao público, já que os políticos se comprometem com promessas que têm pouca ou nenhuma intenção de cumprir, ou sabem que não poderão cumprir, para conseguir um cargo público. Todos nós conhecemos muitos exemplos desse tipo de comprometimento. Ele tem vida curta e também pode ser cínico e manipulador.

Porém, os políticos não são as únicas pessoas que assumem comprometimentos. Todos nós fazemos isso. Os gerentes de negócios aceitam tarefas que prefeririam não aceitar simplesmente porque elas conduzem à próxima tarefa, à tarefa ideal. Por exemplo, uma vez conheci um homem que era gerente de produção de uma grande empresa de alimentos. Ele administrava a linha de produção de pizzas. Ele me disse que detestava estar naquele emprego porque a pizza que fabricava não tinha valor nutritivo. Ele nem sequer deixava que seus filhos a consumissem. No entanto, estava determinado a ser um bom gerente dessa linha de produção porque tinha certeza de que sua próxima tarefa seria melhor.

O casamento pode ser um comprometimento político. Isso ocorre, por exemplo, quando um dos parceiros quer ter filhos. O comprometimento desse parceiro com o casamento é político, porque o casamento é meramente um meio para chegar a um fim.

Essa foi a mesma decisão que Azzopardi tomou quando voltou para Malta, depois de seu período de estudos em Roma. Ele voltou com o comprometimento de servir à sua paróquia, não inteiramente por vontade sua, mas porque queria impressionar seus superiores na Igreja que, segundo ele, não poderiam deixar de oferecer-lhe algo de maior prestígio. Quanto tempo esse comprometimento permaneceu nesse nível, não sabemos.

Há duas formas de comprometimento que são mais elevadas que o comprometimento político. Uma é o comprometimento intelectual: você se compromete com algo porque acredita que se trata de uma boa idéia.

Todos nós temos muitas idéias boas que nunca pomos em prática e idéias que pomos em prática, mas que não conseguem manter o nosso interesse. Uma nova idéia chega e vamos atrás dela.

Azzopardi, por exemplo, achou que a idéia de um lar para as crianças com problemas físicos e mentais era boa e colocou-a em prática mencionando-a durante o seu programa de rádio. Ao mencioná-la colocou outras forças em ação, forças que logo testariam o nível do seu comprometimento. Inicialmente, ele não viu a fundação desse lar como algo seu, mas simplesmente como uma boa idéia. Ele acreditava que alguém tinha de criar aquele lar, mas não imaginou dedicar o resto de sua vida a essa boa idéia.

Outra forma elevada de comprometimento é o comprometimento emocional. Quando você está comprometido emocionalmente, sente isso em suas entranhas. Isso nasce de emoções como a raiva, o medo ou o amor. Assim como o comprometimento intelectual, que geralmente nos mantém apenas enquanto a idéia parece ser atraente, o comprometimento emocional às vezes dura apenas enquanto a emoção está viva.

Os comprometimentos políticos, intelectuais e emocionais são todos formas limitadas de comprometimento. O comprometimento político dura apenas até que o prêmio real seja ganho; então ele diminui ou evapora-se inteiramente. O comprometimento intelectual dura apenas enquanto a idéia mantém o nosso interesse — e temos muitas idéias interessantes — pelo menos para nós mesmos. O comprometimento emocional segura a pessoa apenas enquanto a emoção estiver viva ou até que a pessoa tenha atuado o suficiente para vencer a emoção.

Essas formas de comprometimento geralmente bastam para que você inicie um caminho que valha a pena. Azzopardi concebeu Id-Dar tal-Provvidenza com base na compaixão pelas crianças que encontrou escondidas e por suas famílias, e talvez com raiva de que essa situação pudesse existir. Muitas organizações de valor, assim como "Mães contra Motoristas Embriagados", são iniciadas com base na emoção: tristeza, nesse caso, e talvez raiva. Muitos produtos e projetos úteis começaram com a boa idéia ou a forte emoção de alguém.

Os comprometimentos políticos, intelectuais e emocionais, no entanto, geralmente são insuficientes em si e por si mesmos para sustentar esforços a longo prazo, as lutas e as dores que acompanham a realização de uma missão profundamente intuída. Eles não sobrevivem à resistência que o mundo geralmente oferece a boas idéias ou paixões.

Como Azzopardi, esperamos o chamado que vai nos transportar para outro nível de comprometimento.

A forma mais elevada de comprometimento é o comprometimento espiritual. Quando você está espiritualmente comprometido, é porque ouviu um chamado da sua divindade pessoal: o universo, o seu Deus pessoal — alguma fonte mais elevada que você mesmo. Ele também pode vir porque você percebe, num comprometimento espiritual, a oportunidade de prestar algum serviço às outras pessoas — à comunidade, à família, a pessoas necessitadas, à Terra — algo maior que você mesmo.

Há uma grande diferença entre os pensamentos: "isso é algo que tem de ser feito porque é uma boa idéia (ou porque eu tenho sentimentos fortes a respeito dela)" e "isso é algo a que devotarei a minha vida". Esse é o salto entre o comprometimento político, intelectual ou emocional, de um lado, e o comprometimento espiritual, de outro.

Instruções Para Examinar Seus Comprometimentos

SEUS COMPROMETIMENTOS POLÍTICOS

Que comprometimentos políticos você assumiu em toda a sua vida? Esses comprometimentos são assumidos não por eles mesmos, mas com o objetivo de uma recompensa externa que eles oferecem. Que comprometimentos políticos engajam você neste período da sua vida?

SEUS COMPROMETIMENTOS INTELECTUAIS

Que comprometimentos intelectuais você assumiu no passado? São comprometimentos relacionados a uma idéia que você acha que é boa. Quais foram os resultados? Que comprometimentos intelectuais você está pensando em assumir ou está assumindo neste período da sua vida?

SEUS COMPROMETIMENTOS EMOCIONAIS

Que comprometimentos emocionais você assumiu no passado? Eles são comprometimentos que nascem de algum sentimento forte, como a raiva, o medo, a tristeza ou a compaixão. Quais foram os resultados? Que sentimentos fortes você tem tido recentemente? Eles o mobilizam para alguma ação?

SEUS COMPROMETIMENTOS ESPIRITUAIS

Que comprometimentos espirituais o atraem? São comprometimentos que parecem absolutamente necessários e envolvem uma missão mais elevada que você mesmo.

O SEU ENVELOPE

Por acaso, como Azzopardi, você recebeu algum envelope? O que você fez? Neste momento, algum envelope lhe está sendo enviado?

Quatro Princípios-Chave

1. Você tem um gênio, que é o seu dom exclusivo e especial para o universo em geral, e em particular para as pessoas que o rodeiam.
2. Um bom uso da sua vida requer que você siga o seu gênio.
3. Um bom uso da sua vida requer o seu comprometimento com uma missão.
4. Seguir o seu gênio e comprometer-se com uma missão receberão uma proteção significativa se você se cercar de apoio.

9

Como Detectar a Sua Missão

O meu negócio é a circunferência.

— EMILY DICKINSON

Sua missão é a expressão exterior específica do seu gênio que o universo lhe pede. Sua missão é a razão terrena pela qual o seu gênio existe; é a sua razão para estar vivo neste planeta, agora. Sua missão é a área de lazer na qual se supõe que o seu gênio entra para o jogo da vida. É mais provável que você se sinta pessoalmente realizado quando está dirigindo o seu gênio para concretizar a sua missão. Recompensas como riqueza e fama são secundárias. Se você ignorar a sua missão, sentirá como se algo estivesse faltando na sua vida.

Embora o seu gênio não se destine especificamente a ajudar os outros, a sua missão é o seu serviço específico para outras pessoas, para a sua comunidade, para os clientes, o país, a classe, a empresa ou a Terra.

A sua missão é a resposta que você dá à pergunta: "O que a vida espera de mim?"

Tom, que chamou o seu gênio de "Encontrando Jóias", possui e administra um negócio de compra e venda de casas e apartamentos. Ele vê a missão dele como "fornecer boa moradia a um custo razoável". Ele encontra suas jóias em casas e apartamentos atraentes com bons preços e nas pessoas que os alugam dele. No entanto, relacionar as casas com as pessoas é apenas um modo de encontrar jóias. Ele também gosta de perambular pelos campos e florestas em busca de flechas e de outros tesouros. O gênio é menos específico a respeito de suas atividades.

Sua missão também pode ser considerada como o seu gênio em ação, se usarmos a palavra "ação" no seu sentido mais amplo de vocação ou chamado.

Marie, cujo gênio é "Explorando Trilhas", é agente de viagens, entre outras coisas criativas. Sua agência de viagens orgulha-se de ajudar as pessoas a encontrar viagens de aventuras e explorações que sejam satisfatórias e exclusivas. Ela tem prazer em explorar trilhas com os clientes. "Qual é a melhor trilha para essas pessoas?", pergunta a si mesma, quando tenta ajudar um cliente a tomar uma decisão. Ela fala da sua missão como "proporcionando ao mesmo tempo aventura e paz". Ela faz principalmente cruzeiros marítimos.

Refiro-me à minha missão como "orientar o desenvolvimento de pessoas, equipes e organizações", e uso essa expressão como um *slogan* ou como a definição do meu negócio. Como conselheiro, orientador de equipes, consultor de organizações e escritor, meu trabalho é ajudar meus clientes e leitores a descobrir quem são, qual é a atual situação deles, de suas opções de mudança e as sutilezas desse processo.

Uma Idéia Antiga

Como a idéia do gênio, o conceito de missão na vida tem estado conosco desde os tempos antigos e tem apresentado muitas variações em diversas culturas. Diferentemente da idéia de gênio, entretanto, ela vem tornando-se menos obscura com o tempo.

Nos últimos anos, muitos bons pensadores nos ofereceram uma enxurrada de material a respeito da nossa missão na vida. Esse material inclui livros, fitas de áudio e vídeo, seminários e programas de televisão. Você encontrará uma lista dos livros que eu achei úteis na seção de Leituras Recomendadas, no final deste livro.

Esses pensadores usam uma terminologia diferente quando falam de missão. Deepak Chopra sugere que perguntemos a nós mesmos como podemos servir melhor à humanidade. O consultor de carreiras Lawrence Boldt chama a isso de nossa missão. Ele nos pergunta: "Qual é a mensagem que você quer que sua vida passe adiante?" James Redfield, autor de *A profecia celestina*, chama-a de "a missão que apenas nós podemos realizar".

O psicoterapeuta contemporâneo, Thomas Moore, fala nela como uma vocação, "o chamado de um lugar que é fonte de significado e de identidade". O teólogo Matthew Fox também se refere à vocação como o nosso chamado para participar da obra do universo. Ele também escreve sobre a nossa missão como o nosso papel no cosmo.

Sam Keen denomina-a um chamado espiritual e escreve o seguinte: "O chamado espiritual envolve quatro elementos: um dom, um deleite, uma necessidade e uma disciplina." O dom é o seu gênio.

Aqueles de nós que lutam para entender sua missão pessoal, apesar da disparidade da nossa linguagem, parecem estar de acordo com pelo menos o seguinte:

A sua missão não é algo a ser inventado. Ao contrário, é algo a ser descoberto ou detectado nos acontecimentos da sua vida. James Redfield escreveu: "Todos nós temos um propósito espiritual, uma missão, que andamos buscando sem estar plenamente conscientes dela, e uma vez que a trazemos completamente à consciência, nossas vidas podem decolar." Stephen Covey, por sua vez, escreve o seguinte: "Acho que cada um de nós tem um monitor interno ou um sentido, ou uma consciência, que nos fornece uma percepção da nossa exclusividade e das contribuições especiais que podemos fazer." Esse ponto de concordância é importante porque sugere que você não tem de tentar criar um quadro do que acha que a sua missão deve ser. Ao contrário, tem de buscar informações no seu passado e nos acontecimentos recentes. Sua missão é um chamado; por isso, para detectá-la você tem de ouvir e não de inventar.

Sua missão está orientada para fora. Ela está envolvida com as suas atividades mundanas, e não apenas com o que há dentro de você nem com o que você é para si mesmo. Se o seu gênio é o seu presente para o mundo, sua missão é a reunião durante a qual a sua dádiva é oferecida. Sua missão é a sua forma exclusiva de serviço. Victor Frankl disse: "A pessoa não deve buscar um significado abstrato para a vida. Todos têm a sua vocação ou missão específica na vida para realizar uma tarefa concreta, que exige realização. Nesse sentido, ela não pode ser substituída, nem a sua vida pode revivida. Por isso, a tarefa de cada um é tão única como é única a sua oportunidade específica de implementá-la." A pessoa não busca a sua missão porque ela a satisfaz, nem porque é compensadora nos termos convencionais de poder, prestígio, fama, felicidade ou riqueza. A pessoa busca a sua missão porque tem de se dedicar a ela.

Se você entender a sua missão, poderá ser mais eficaz para realizá-la, e a sua própria vida poderá ser mais plena. Como diz Deepak Chopra: "Descubra a sua divindade, encontre o seu talento único, sirva com ele à humanidade e você poderá gerar toda a riqueza que quiser." E Marianne Williamson escreveu: "Temos de fazer o que tem um profundo imperativo psicológico e emocional para nós. Esse é o nosso ponto de poder, a fonte do nosso brilho. Nosso poder não é racional ou intencionalmente invocado. É um desígnio divino, um ato de graça."

Uma Declaração de Missão

Sua missão é aquilo que você é nos negócios e como ser humano. Hoje em dia, os negócios geralmente têm uma declaração de sua missão, mas o termo costuma ser confundido com os termos "visão" e "valores".

Visão é uma descrição da realidade que você espera criar. O sonho de Martin Luther King de igualdade racial, harmonia e justiça era uma visão, assim como o "mundo salvo pela democracia" de Churchill. Um amigo meu, um jovem conselheiro, vê "um país livre de dependência crônica". Azzopardi via a Id-Dar tal-Provvidenza. Minha descrição favorita de uma visão vem do romance de Marion Zimmer Bradley, *As brumas de Avalon*. Bradley faz com que o cavaleiro Lancelot diga a respeito do Santo Graal:

> Era como se um grande sino me chamasse, muito longe, uma luz como as luzes longínquas no pântano, dizendo: "Siga".... E eu sei que a verdade, a verdade mesmo, está ali, bem ali, logo além do meu alcance. Basta que eu consiga segui-la e encontrá-la ali e rasgar o véu que a encobre.

As visões têm essa característica de serem remotas e muito elevadas. Elas transmitem a sensação de serem inatingíveis, mas temos de tentar alcançá-las de qualquer maneira.

Valores são aquelas qualidades abstratas que prezamos, como a criatividade, a segurança, a independência, a harmonia, a competitividade e assim por diante. Louis Raths escreveu que, para mantermos um valor, devemos prezá-lo, escolhê-lo e agir sobre ele. Nossos valores pessoais mudam com o tempo. Por exemplo, à medida que envelhecemos, tendemos a valorizar a segurança mais do que quando éramos jovens. A história de Mandy a respeito da sua jornada de cinco anos para dar nome a seu gênio, "Fazendo Funcionar", dá uma idéia da relação entre o gênio e os valores. Ela diz o seguinte:

— Eu nunca teria inventado a lâmpada elétrica. Não tenho nenhum dom para fazer a tecnologia funcionar. "Fazendo Funcionar" sempre tem um componente humano para mim. Meu sonho é criar harmonia entre as pessoas.

Os valores são a força propulsora que está por trás dos compromissos que assumimos; eles determinam onde e quando comprometemos o nosso gênio.

A missão, que é o tópico que estamos considerando, está mais estreitamente relacionada com o trabalho que fazemos, quer seja num emprego convencional, quer seja uma contribuição voluntária, quer sejamos pagos por ele quer não. Sua missão é a expressão concreta e cotidiana do seu gênio. É por causa dela que você se levanta todas as manhãs.

As missões das empresas geralmente são combinadas numa declaração geral que também inclui a visão da empresa, os valores e talvez uma descrição geral da sua estratégia.

As declarações de missão geralmente são muito curtas: resume-se a uma frase ou expressão. Eis aqui alguns exemplos: Alan, que lidera uma empresa de colocação de executivos, diz que sua missão é "criar organizações compostas exclusivamente por pessoas que fazem o trabalho certo". Toni, que aconselha pessoas em períodos de transição, diz que sua missão é "ajudar as pessoas a identificar sua verdade e a servir os pobres de espírito". Warren, gerente de treinamento de uma grande corporação, diz que a sua missão é "realizar o potencial das pessoas". Maya, uma terapeuta massagista, estabeleceu uma ligação exclusiva e profunda entre o seu gênio e a sua missão. Maya chama o seu gênio de "Lembrando o Espírito". Ela acredita que o seu trabalho envolve ajudar pessoas a fazer a ligação da energia do seu espírito com os seus corpos. Ela diz que a sua missão é "re-membrando o espírito", uma brincadeira com as próprias palavras que ela usa para descrever o seu gênio.

As duas coisas mais importantes a respeito da sua declaração de missão são que ela tem de parecer verdadeira para você, da mesma maneira que o nome que você deu ao seu gênio parece verdadeiro, e você tem de ser capaz de lembrar-se dela.

Dez Lugares Onde Procurar Pistas

Sua missão deve ser detectada, e não inventada. Lembre-se de que há três tipos de trabalho de detetive: o intuitivo (o modo de Columbo), o lógico (o modo de Holmes) e o experimental (o modo de Milhone). Os três dão resultados, e eu encorajo você a confiar no seu intelecto, na sua intuição e na sua experiência para criar uma declaração de missão para si mesmo.

Uma coisa que todos os detetives precisam saber é onde procurar pistas. Eis aqui alguns lugares onde você, provavelmente, encontrará pistas para ajudá-lo a descobrir a sua missão. Além disso, como uma pista geralmente não basta para construir um caso, procure padrões nas muitas pistas relacionadas com o seu gênio. Essa lista de lugares onde procurar pistas a respeito da sua missão é seguida por uma série de questões que irão ajudá-lo na sua busca. Pode ser útil ter à mão o seu caderno ou diário enquanto você lê essa lista. Tome nota de tudo o que lhe vier à mente.

- **FORTES EMOÇÕES**

Raiva, frustração, medo, amor, tristeza ou qualquer outra emoção forte pode ser uma pista para a sua missão.

Sempre sentimos que somos os receptores passivos das nossas emoções. Mas não somos; nós as criamos. Criamos as emoções que vivemos a partir da história, dos valores, das crenças e dos pensamentos. Criamos as emoções como uma resposta a algo que exista dentro de nós. Geralmente, esse algo é a nossa missão, a nossa vocação única. Por exemplo, Azzopardi pegou o envelope que lhe foi entregue em parte porque ele há muito vinha tendo fortes sentimentos em relação às crianças deficientes e negligenciadas e às famílias delas que encontrou em Malta.

O truque para se detectar a missão através de fortes emoções é evitar ou minimizar a sensação de ser vítima dos acontecimentos negativos inevitáveis, que geralmente as provocam, e partir o mais rapidamente possível para a ação criativa.

• O QUE AS OUTRAS PESSOAS PEDEM A VOCÊ

Toni divorciou-se quando tinha 42 anos, depois de vinte anos de casamento. Foi um acontecimento traumático para ela. Ela conta:

— Eu fui totalmente programada para o casamento e para a educação dos filhos. E as boas moças católicas de Baton Rouge simplesmente não se divorciavam.

Toni procurou a ajuda de um serviço de aconselhamento especializado em ajudar pessoas que estavam passando por situações problemáticas, como o divórcio ou a morte de uma pessoa querida.

O que ela aprendeu com esse aconselhamento levou-a a questionar a sua programação e a buscar a sua própria verdade. Diz ela:

— Eu literalmente tive de fazer a mim mesma perguntas como "Qual a cor de que eu realmente gosto?", e "De que tipo de música eu realmente gosto?"

Depois que ela passou por essa transição difícil, as pessoas que dirigiam esse serviço, reconhecendo sua força, habilidade, determinação e capacidade de estabelecer empatia, pediram-lhe que trabalhasse como conselheira voluntária dos outros. Como a moça que estava esperando atrás da porta de Azzopardi, essas pessoas entregaram-lhe um envelope.

Nove anos depois, ela é muito bem-sucedida no seu próprio negócio de aconselhar as pessoas em transições e liderar seminários, cumprindo a sua missão de "ajudar os outros a identificar a sua própria verdade e servir aos pobres de espírito".

Outras pessoas geralmente nos vêem de um modo que não nos vemos. Em geral, elas percebem qual é a nossa missão quando nós mesmos não a percebemos.

• EXPERIÊNCIAS INESPERADAS E MOMENTOS DE TRANSIÇÃO

Com base na maior parte da sua vida anterior, Toni não esperava divorciar-se e o próprio divórcio foi um momento significativo de decisão.

Alan viveu algo semelhante. Ele foi demitido. Alan entrou numa profunda busca de sua alma depois da demissão, e essa experiência passou a ser um momento de decisão importante na sua vida. Diz ele:

— Na verdade, eu demiti a mim mesmo. Tornei impossível para o meu empregador manter-me. Era o trabalho errado para mim.

Durante a sua busca da alma, ele pensou em sua história profissional e leu e conversou com especialistas a respeito da natureza do trabalho. O resultado é o seu trabalho atual, no qual dirige uma empresa de colocação de pessoal, e sua missão é "criar organizações compostas exclusivamente por pessoas que fazem o trabalho certo".

Experiências inesperadas não se tornam automaticamente momentos de decisão. Azzopardi poderia ter dito não para o envelope. Toni poderia ter dito não à solicitação de ser conselheira voluntária. Alan poderia ter colocado a si mesmo no papel de vítima, ter culpado seu chefe e ter ido em busca de outro fracasso profissional.

• SOFRIMENTO

O sistema de Logoterapia de Victor Frankl nasceu do seu sofrimento num campo de concentração nazista. Frankl achava que o sofrimento poderia ser uma fonte de significado na vida se pudéssemos mudar nossa atitude em relação a ele. Ele escreveu o seguinte:

> Nunca podemos esquecer que é possível encontrar significado na vida até mesmo quando somos confrontados com uma situação sem esperança, quando enfrentamos um destino que não pode ser mudado. Pois o que importa então é testemunhar o potencial humano no seu melhor aspecto, que é transformar uma tragédia pessoal num triunfo, transformar o transe da pessoa numa realização humana. Quando não somos mais capazes de mudar uma situação — pense numa doença incurável, assim como um câncer que não pode ser operado — somos desafiados a mudar a nós mesmos.

Maya, por exemplo, foi vítima de abuso quando criança. Ela também se lembra de que, quando criança, sabia, no fundo de si mesma, que havia mais na vida do que parecia haver. Ela se lembra de levar consigo essa sensação pela vida afora, até mesmo quando tinha mais medo. Como terapeuta massagista, ela ajuda as pessoas a fazer a ligação entre o seu corpo e o seu espírito, respeitando o ser físico dessas pessoas.

Parece que, na nossa sociedade, facilmente adotamos uma atitude de vítimas em relação ao sofrimento. Maya fez isso durante muitos anos. Foi apenas depois de muita auto-exploração, com a ajuda esporádica de terapeutas e de um grupo de apoio, que ela foi capaz de mudar sua atitude em relação ao sofrimento por que passou quando criança.

Ela diz: "Ter a coragem de ser um sobrevivente e saber que a minha vida era mais do que acontecia na superfície, foram as duas principais coisas que formaram a minha missão."

Como acontece com as emoções negativas, detectar uma missão a partir do sofrimento requer que evitemos ou minimizemos a sensação de que somos vítimas e partamos para a ação criativa.

• À BEIRA DO RIO

Depois que Alan foi demitido, ele começou a andar todos os dias à beira de um rio próximo. Ele fez isso por aproximadamente seis meses.

Ele diz o seguinte: "Para detectar a minha missão, tive de acalmar e aquietar a minha mente, de modo a poder ouvir a pequena voz dentro de mim que sabia o que eu deveria fazer em seguida. Andar ao longo do rio, jogar gravetos na água e vê-los flutuar era uma forma de meditação."

Embora a sua missão tenha de ser detectada a partir das muitas mensagens que existem ao seu redor, alguma forma de meditação — aquietar a mente — é sempre valiosa. A missão de Azzopardi foi entregue a ele. Para a maioria de nós, no entanto, o chamado não é tão gritante ou dramático. Temos de ouvir tanto o chamado de fora como a vozinha de dentro. Gosto de acreditar que, durante o momento de hesitação de Azzopardi, ele estava ouvindo essa voz.

• UMA HISTÓRIA DE FAMÍLIA

Há vários anos, minha irmã e eu levamos nossa mãe setuagenária para almoçar no Dia das Mães. No meio do almoço, e aparentemente sem mais nem menos, minha mãe me perguntou:

— Você tem pintado?

Eu não pintava há aproximadamente 25 anos e fiquei surpreso por ela pensar que eu ainda pintava.

— Eu sempre esperei que você seguisse as pegadas do seu avô e do seu tio — disse ela com tristeza.

Depois de aposentar-se no Correio, meu avô criou quadros vívidos de veleiros, portos e cenas do oeste imaginadas a partir dos romances de Zane Grey. Meu tio, cujo nome eu herdei, foi artista gráfico. Eu tomei uma estrada sinuosa do ginásio até a faculdade, passando quatro anos intermediários como aprendiz do meu tio e estudando desenho publicitário à noite numa escola de arte.

Durante esses anos, descobri que estava mais interessado nas pessoas do que na pintura. Deixei meu emprego, entrei na faculdade para estudar psicologia e abandonei meus pincéis e tintas para sempre.

Na superfície, pode parecer que as aspirações de minha mãe de criar um pintor não foram realizadas. Ainda assim, há aqui uma pista a respeito da minha missão. Quando eu estava escrevendo meu primeiro livro, *Artful Work*, vi a mim mesmo voltando ao passado, ao meu treinamento em arte. O livro é uma síntese da minha experiência como artista e como consultor organizacional — uma tentativa de integrar a arte com todo tipo de trabalho.

Minha experiência como artista praticante tornou-se um ponto de apoio para que outras pessoas encontrassem a arte no seu trabalho.

Da mesma maneira, Maya vê a história do seu abuso na infância como ponto de apoio para a sua missão. E Tom tornou-se um corretor de imóveis, trabalho que ele adora, porque, quando adolescente, trabalhou para o pai, que também era corretor de imóveis, e descobriu a sua vocação no trabalho.

Em *A profecia celestina*, James Redfield oferece outro modo de procurar pistas para a sua missão na história familiar. Segundo ele, a missão é um caminho espiritual que envolve a descoberta de uma verdade que sintetiza aquilo em que seus pais acreditavam. O protagonista de Redfield está buscando um manuscrito sagrado. Em sua jornada, ele encontra um sacerdote, o Padre Carl, que lhe diz:

> Não somos meramente uma criação física de nossos pais; somos também uma criação espiritual. Você nasceu para essas duas pessoas e suas vidas tiveram um efeito irrevogável no seu modo de ser. Para descobrir o seu verdadeiro eu, você tem de admitir que o verdadeiro você começou num ponto entre essas duas verdades. É por isso que você nasceu aí; para assumir uma perspectiva maior daquilo que eles representaram.

O protagonista de Redfield refletiu que a vida de seu pai tinha que ver com a maximização de sua força vital, enquanto a de sua mãe tinha que ver com sacrifício e serviço. A questão para ele era como viver uma vida que incluísse as duas coisas.

O padre Carl disse-lhe para observar atentamente o que vinha acontecendo com ele desde o seu nascimento. Ele diz: — Se você encarar a sua vida como uma única história, do berço até agora, poderá ver como você vem trabalhando nessa questão o tempo todo.

• IDÉIAS RECORRENTES

Uma vez, Toni visitou um mosteiro para fazer um retiro de fim de semana. Quando ela contou aos amigos a respeito de sua experiência, muitos manifestaram o desejo de ter uma experiência semelhante, mas sem um contexto religioso. Ela também está interessada em arranjar alternativas de vida para cidadãos idosos.

A idéia que lhe ocorre é a de criar uma rede mundial de acolhimento para cidadãos idosos que também serviria como centro de retiro.

Essa idéia ocorreu-lhe várias vezes. Ela é causada por muitas coisas, como por brochuras que chegam pelo correio anunciando retiros e visitas a uma tia idosa que mora sozinha. Essas recorrências vêm assombrando Toni por muitos anos, e agora ela acredita que tem de trabalhar de alguma forma nessa idéia.

Durante muitos anos, Alan pensou em escrever um livro a respeito de liderança. Ele conhece esse tema e já tem um esboço do livro. Essa idéia recorrente tem se tornado uma presença mais forte, e ele está para tirar uma licença de trabalho a fim de poder escrever.

• O QUE VOCÊ CRIOU OU FEZ

Depois da minha formatura na faculdade, com um diploma de psicologia, entrei num programa de mestrado em educação, que incluía um internato como professor numa grande escola secundária de subúrbio. O internato passou a ser um emprego de período integral ensinando matemática.

O distrito escolar estava construindo uma enorme escola secundária, onde houve a fusão de três escolas. Havia uma grande preocupação da comunidade, assim como da direção da escola e da administração, a respeito dos efeitos que essa escola gigantesca teria nos alunos. Eles se sentiriam perdidos e alienados? O que poderia ser feito?

Eu andava estudando a respeito de mudança nos sistemas escolares. Também estava ansioso para usar o meu conhecimento de psicologia, pois sabia que não ficaria muito tempo ensinando matemática. Meus estudos me levavam a descobrir o papel do *ombudsman*, uma espécie de *free lancer* que resolve problemas e que está fora da corrente principal. Essa idéia me atraiu, eu propus isso à administração do distrito escolar, solicitei a vaga e fui aceito.

Nos quatro anos seguintes, aconselhei alunos, individualmente e em grupos, criei um instituto de treinamento de professores dentro do distrito escolar, ajudei a polícia local a descobrir os alunos fujões e fiquei acordado muitas noites com pais desesperados, agi como instrutor de vários administradores da escola, sugeri mudanças secundárias nas instalações e no currículo, servi como mediador em guerras de alunos e professores ou de pais e alunos, e, de maneira geral, fiz tudo o que parecesse útil para reduzir a possibilidade de que os alunos se sentissem alienados da escola, de seus pais, uns dos outros e dos professores. Foi divertido, e assim realizei muitas coisas.

Olhando para trás, para 25 anos atrás, eu vejo como aquele papel de *ombudsman*, que era criação minha, foi o ponto de partida para que eu detectasse a minha missão de dirigir o desenvolvimento de pessoas, equipes e organizações. Isso foi o início da minha carreira de consultor.

Essas criações e realizações, mesmo que tenham ocorrido há muito tempo, contêm pistas para a missão.

• SONHOS E DEVANEIOS

Os sonhos às vezes revelam desejos e esperanças dos quais estamos apenas vagamente conscientes, se é que estamos.

Há uns quinze anos, antes que eu entendesse a minha missão como entendo agora, sonhei que estava sentado num escritório bem no alto de uma árvore, digitando no meu processador de textos, enquanto as pessoas faziam fila do lado de fora para falar comigo.

Nos últimos oito anos, tive dois escritórios. O primeiro, nas Montanhas Pocono, na Pensilvânia, ficava no segundo andar da minha casa, que era rodeada de altas coníferas. Havia um terraço do lado de fora das portas de vidro deslizantes que deixavam passar a luz para o meu espaço de trabalho, e eu freqüentemente trabalhava do lado de fora, nesse terraço, literalmente no topo das árvores. O meu novo escritório, também no segundo andar da minha nova casa, tem uma janela através da qual posso tocar os galhos mais altos de um alto freixo. Minha vida nesses dois escritórios envolveu amplamente o ato de escrever este livro, o meu livro anterior, *Artful Work*, e um conjunto de manuais para melhorar o trabalho em equipe intitulado *Assessing your Team*.

Se as pessoas não fazem fila lá fora esperando por mim, pelo menos não ainda, recebo inúmeros telefonemas, cartas e mensagens por *e-mail* solicitando conselho, palestras para grupos ou convites para oferecer consultoria a organizações.

Se eu tivesse tido consciência de que esses sonhos geralmente contêm pistas para a missão, poderia ter entendido a minha missão muito antes.

Devaneios e sonhos em vigília podem conter o mesmo tipo de pista que os sonhos que nos visitam enquanto dormimos.

• **O QUE FAZ VOCÊ SORRIR?**

Eu sabia que uma amiga, Ellen, havia mudado de emprego recentemente. Numa festa, perguntei-lhe: "Você gosta do seu novo emprego?" Um sorriso brilhante espalhou-se pelo seu rosto e seus olhos dilataram-se de alegria. Ela me disse como se sentia desperdiçada no emprego anterior e como estava se sentindo realizada e útil agora.

Eu não conheço Ellen o bastante para especular a respeito do seu objetivo, e não tenho o hábito de tentar detectar os objetivos das outras pessoas em festas. Mas certamente o sorriso de Ellen foi uma pista de que o seu novo trabalho está de algum modo muito perto do seu objetivo.

Instruções Para Detectar a Sua Missão

As seguintes perguntas e técnicas irão ajudá-lo a detectar a sua missão. Não tente responder a todas ao mesmo tempo. Detectar a sua missão pode levar dias ou semanas. Assim como dar nome ao seu gênio, detectar a sua missão é como montar um quebra-cabeça de quinhentas peças. Essas perguntas e técnicas vão ajudá-lo a encontrar as peças.

Lembre-se das seguintes diretrizes para montar um quebra-cabeça de quinhentas peças:

1. Examine as peças para ver quais parecem combinar-se. Nessa situação, as peças são os pensamentos e as lembranças que você teve enquanto lia a seção anterior, suas respostas para as perguntas a seguir e quaisquer outras pistas que você conseguir dos instrumentos abaixo.
2. Quando você encontrar algumas peças que se combinem, pergunte a si mesmo o que elas significam. O que elas têm em comum? Como se encaixam? Procure padrões. Busque o denominador comum.
3. Continue olhando para as peças a fim de descobrir mais peças que se encaixem ou para certificar-se de que elas se relacionam com as peças que já estão juntas.
4. Se elas não se combinarem ou não se encaixarem com o que você já conseguiu montar, coloque-as de lado.
5. Se você tiver a impressão de que não está chegando a lugar nenhum, saia por algum tempo. Dê ao seu inconsciente a oportunidade de atravessar a desordem da sua mente consciente.

Eis as perguntas e sugestões:

1. Em relação a quê você teve fortes sentimentos ultimamente? Q que você fez a respeito da situação que provocou esses sentimentos? Há alguma coisa que você gostaria de ter feito de outra maneira? Há algo que você possa fazer agora? Lembre-se de quando teve emoções fortes no passado e enumere as circunstâncias que as provocaram. Você consegue encontrar um padrão nessas circunstâncias? Há um padrão nas suas reações? Que trabalho criativo você pode realizar?
2. Crie uma lista das coisas que as pessoas e organizações pediram a você no passado. Há um padrão ou denominador comum? Alguma pessoa ou organização está pedindo alguma coisa a você neste exato momento?
3. Aqui vão as dicas para você criar uma Linha da Vida mostrando as principais experiências inesperadas e os momentos de decisão na sua vida. Primeiramente, desenhe uma linha horizontal no meio de uma folha de papel. Marque a ponta esquerda da linha com um 0. Marque a linha direita com a sua idade atual. A linha representa a sua vida do nascimento até agora. Coloque um X no lugar adequado da linha para marcar cada momento de decisão importante ou algum evento inesperado.

Eis aqui uma versão abreviada da Linha da Vida de Toni como exemplo.

A sua Linha da Vida pode ter poucos ou muitos pontos marcados. O número de momentos de decisão não importa.

Vendo todos os acontecimentos e momentos de decisão na sua Linha da Vida, você pode perceber um padrão? Toni, por exemplo, vê o que ela chama de sua "programação como esposa e como mãe", e depois uma mudança dramática nos anos mais recentes. Foi durante essa mudança, quando lhe pediram para trabalhar como conselheira das pessoas que estão enfrentando dificuldades, que ela encontrou a pista mais significativa a respeito da sua missão.

4. Quais foram as maiores fontes de sofrimento na sua vida? Qual foi a sua atitude em relação ao sofrimento? Sua atitude trouxe um significado à sua vida? Se não, que outra atitude você poderia ter tomado?
5. Detectar a sua missão será grandemente apoiado por alguma forma de meditação. Não estou sugerindo que o estudo formal da meditação seja necessário para você encontrar a sua missão. Se você fizer meditação formal, muito bem. Caso contrário, coloque de lado algum tempo de cada dia para desfrutar da quietude e solidão e para silenciar o ruído da sua mente consciente. A margem de um rio não é imprescindível, mas é benéfica, da mesma forma que as montanhas, os lagos, as árvores e os parques. O que é preciso é ouvir a vozinha interior que pode revelar a sua missão.
6. Que idéia o assombrou? O que você poderia fazer para deixar que essa idéia seguisse em frente?
7. Há algum padrão ou denominador comum no trabalho que você fez? No que você criou?
8. O que faz você sorrir?

9. Preencha as lacunas a seguir. Pense mais no mundo em geral do que em você mesmo quando responder. Isto é, num certo sentido, as suas esperanças para o mundo.

   *Não seria maravilhoso se*______________________________

   *Não seria maravilhoso se*______________________________

   *Não seria maravilhoso se*______________________________

   *Não seria maravilhoso se*______________________________

   *Não seria maravilhoso se*______________________________

Todas elas são esperanças maravilhosas, tenho certeza. Porém, você tem apenas esta vida para viver e tem de fazer escolhas para usá-la bem. Risque uma esperança. Depois, outra. E outra. Agora, mais uma. O que sobrou?

10 Responsabilidade Por Si Mesmo e Apoio

Podemos mudar a nós mesmos. Podemos mudar nossas comunidades. Temos um espírito incrível. Podemos enfrentar as dores da vida e gozar os triunfos.

— RITA MAE BROWN

Helene era muito apegada ao pai quando criança. Ele era pedreiro e gostava de mostrar-lhe o seu trabalho e deixá-la trabalhar com ele em pequenos projetos em casa. Quando tinha 6 anos, Helene estava assentando tijolos com argamassa. Ela começou a compreender o que significava construir.

Quando Helene estava na escola secundária, o negócio do seu pai havia crescido, transformando-se numa empresa de construção, e ela visitava o escritório com freqüência enquanto ele fazia cálculos, encomendava material e falava com clientes e arquitetos. Ela gostava do ambiente do escritório e começou a ajudar o pai depois das aulas e nos fins de semana.

Quando terminou o segundo grau, ela sabia o que queria fazer da vida: queria trabalhar na empresa do pai e, depois, dirigi-la.

O pai de Helene morreu quando ela estava no último ano da escola secundária e um irmão seu assumiu o negócio.

Helene falou ao irmão da sua intenção de entrar no negócio da família.

— Eu gostaria de dirigir a empresa.

Ele respondeu:

— Não. Case-se e tenha filhos. Esse é o trabalho certo para uma mulher.

Outros membros da família concordaram com o irmão de Helene. As famílias, como outros grupos, nem sempre nos apóiam para sermos o que somos ou o que queremos ser.

Helene realmente se casou e teve quatro filhos; seu sonho foi abandonado temporariamente. Ela também fez um curso de costura. O dinheiro era pouco para a sua nova família. Helene fazia a maior parte de suas roupas, as roupas das crianças e fazia consertos para o marido e para amigos. Ela começou a encarar a costura como antes havia encarado a construção civil. Fazer roupas e construir prédios assemelhavam-se de algum modo.

Vinte anos depois de ter-se casado, aos 40 anos, Helene teve uma revelação: "O casamento não precisa ser uma escravidão."

Helene disse ao marido que queria obter um diploma de administração de empresas. O sonho de dirigir um negócio ainda estava vivo dentro dela. O marido, assim como o irmão, disse-lhe algo como "Não. Você é casada e tem filhos. Essa é a coisa certa para uma mulher fazer." O resultado foi o divórcio. Por causa da sua decisão de se divorciar, Helene ficou sem dinheiro para a faculdade.

Ela disse:

— No dia em que o meu divórcio ficou decidido, caminhei até o fim da estrada que passa em frente à minha casa e me perguntei: "E agora?" De pé, no fim da estrada, olhando para o chão estéril, ela perguntou a si mesma: "O que eu sei fazer?" A resposta foi "roupas".

Helene abriu uma pequena butique, que se transformou numa butique maior, que se tornou uma butique ainda maior, de sua propriedade, assim como o prédio onde está instalada, e agora ela possui mais dois apartamentos.

Ela agora diz: "Eu gostava do que o meu pai fazia porque ele ajudava as pessoas a conseguir o que queriam de maneira criativa, e de um modo que pudessem pagar."

— Você quer uma parede de tijolos? Aqui está uma parede de tijolos criativa. Eu faço a mesma coisa. Você quer uma roupa? Aqui está uma roupa criativa. É uma roupa diferente daquela que é usada pelas pessoas que moram na casa ao lado. Você não pode comprá-la no *shopping center*, mas aqui você pode comprá-la.

O Que É Preciso Mudar?

As figuras em forma de estrela dentro do diagrama do capítulo 8 devem simbolizar aquelas coisas que alimentarão o seu gênio, seus compromissos e a sua missão. Elas se encaixam em duas amplas categorias. A primeira diz respeito às suas condições de vida, incluindo coisas como seu modo de vida, amigos, família e trabalho; tudo o que o rodeia e que serve como apoio para o seu gênio, seus compromissos e sua missão. A segunda categoria diz respeito a aspectos da sua personalidade, especialmente a sua vontade de assumir responsabilidade por si mesmo.

O seu gênio não existe num vazio. Ele sofre com condições de vida que não o alimentam ou que o atrapalham, e prospera em condições que o alimentam. Seus compromissos, além disso, são coloridos pelas suas condições de vida, assim como pela sua habilidade de trabalhar pelos seus objetivos. Também as suas qualidades psicológicas, hábitos de pensamento, comportamentos e crenças têm o potencial de alimentar ou de obstruir o trabalho do seu gênio, os seus compromissos e o seu propósito. Eu uso o termo "personalidade" para referir-me a esses elementos.

Helene mudou suas condições de vida para melhor apoiar o que ela encarava como sua missão. Quando abriu a butique, ela encontrou amigos que eram administradores experientes. Agora, cerca-se de pessoas que, diferentemente do seu irmão e do seu ex-marido, apóiam o seu gênio, o seu compromisso e a sua missão.

Ela também teve de mudar certos aspectos de si mesma. Desenvolveu confiança para dirigir um negócio bem-sucedido sem um diploma universitário.

Suas condições de vida e a sua personalidade podem ser um útero ou uma prisão para a sua vocação.

Condições de Vida

Assim como Helene, Martin alterou inteiramente as suas condições de vida para melhor apoiar o seu gênio e a sua missão. Ele deixou espontaneamente seu emprego em promoções numa grande empresa para iniciar o seu próprio negócio de publicidade. Ele chama o seu gênio de

"Buscando Entendimento" e descreve a sua missão como "informar as pessoas a respeito de suas opções médicas". O seu novo negócio lida com a divulgação de informações a respeito de produtos médicos.

Cinco anos depois de ter iniciado o seu empreendimento, Martin tinha dez empregados, um negócio de 3 milhões de dólares por ano e contratos que asseguravam um crescimento moderado. Ele dava muito de si mesmo ao negócio.

Martin dizia: "Tenho muita energia para o meu trabalho porque ele é uma expressão de mim mesmo. É como uma tela que eu estivesse pintando. Eu quero criar uma obra de arte."

Há, naturalmente, muita coragem envolvida no compromisso com uma missão e na atuação relacionada aos nossos compromissos. Isso pode parecer um gesto que não é natural ou um enorme risco. Evitar é mais fácil, mesmo que crie a sensação indesejada de que algo está faltando, sensação essa que acontece quando evitamos algo que não deveríamos evitar. Isso acontece porque não ligamos imediatamente o ato de evitar e a sensação de que algo está faltando.

A coragem envolvida é a coragem de assumir responsabilidade pelo seu gênio e pela sua missão; é agarrá-los com ousadia.

— Não é fácil — diz Martin. — Eu fiquei no meu emprego anterior mais tempo do que talvez devesse ter ficado, porque tinha medo e evitava assumir a responsabilidade por quem eu realmente era.

Aspectos da Personalidade

Como acontece com as condições externas de nossas vidas, nossas próprias tarefas interiores — o que eu estou chamando de "personalidade" — pode bloquear-nos ou nutrir-nos. As tendências de adiar, de acreditar que não somos bastante bons ou bastante cultos, de ter medo do fracasso ou do sucesso, de apegar-nos ao comportamento vicioso, de falhar em nos alimentarmos ou em alimentar os outros, e muitas outras tendências nos prendem. Todas elas são formas de evitar o nosso gênio, o nosso compromisso e a nossa missão.

Marie, por exemplo, cujo gênio é "Explorando Trilhas", foi rotulada como "curiosa" quando criança. Contudo, quando tornou-se uma adolescente e, depois, estudante de faculdade, o termo "curiosa" deu lugar a apelidos tais como "distraída", "dispersiva" e "incapaz de se comprometer". Como conseqüência, ela passou a ser insegura para explorar os caminhos que a intrigavam, ficava adiando-os e começou a sentir que qualquer coisa que fizesse num determinado momento era a coisa errada a fazer. Ela criticava muito a si mesma e começou a evitar atividades que comprometiam o seu gênio ou que a comprometiam com uma missão.

Evitar é o principal obstáculo que colocamos diante de nós mesmos, e temos muitas razões para evitar e muitas maneiras de evitar. Podemos evitar dar a nós mesmos o tempo para o que é significativo a nosso ver. Podemos evitar encorajando distrações e interrupções, ou trabalhando compulsivamente, exaurindo-nos e, depois, não querendo mais trabalhar. Podemos evitar tornando-nos abertamente desencorajados ou massacrados pelas tarefas que estão à nossa frente. Podemos evitar gastando tempo e energia sendo autocríticos.

Francine sabia que permanecer numa empresa que não a satisfazia era evitar. Martin evitava o risco de iniciar o seu próprio negócio por muitos anos, à espera de que as pessoas em torno dele mudassem, especialmente os seus chefes. Helene, depois de perceber que o marido não alimentaria seus sonhos, permaneceu casada por muitos anos, evitando o que parecia inevitável para ela.

À medida que vou me aproximando do término deste livro, percebo que estou evitando cada vez mais terminá-lo. Logo, terei de liberá-lo para o mundo. É um pensamento que me amedronta. Minhas técnicas para evitar incluem o engajamento na autocrítica ("este livro está aborrecido") e ao cliques fáceis demais de um *mouse* que me levam do meu programa de processamento de textos para um jogo de computador. Também há, para mim, uma linha fina entre o passeio em meio às árvores, que faz parte do processo criativo, o passeio capaz de produzir uma experiência do tipo "Aha!", e o passeio que é pura tentativa de evitar. Ultimamente, tenho feito muitos passeios sem o "Aha!"

Evitar o seu gênio, evitar a sua vocação e evitar os compromissos que canalizarão a energia do seu gênio para a sua missão produzem a sensação de que algo está faltando na sua vida.

Responsabilidade Por Si Mesmo

A responsabilidade para com nossas próprias vidas é uma questão filosófica tradicional. É a questão de como criamos a nossa própria realidade. Refiro-me a esse tipo de responsabilidade como "responsabilidade por si mesmo", para distingui-la do uso mais comum da palavra "responsabilidade", como em "ele é uma pessoa muito responsável". A responsabilidade por si mesmo envolve agir de acordo com a sua voz interior, com a sua sensação de si mesmo, com a sua visão a respeito de como você tem de ser no mundo. Ela também envolve o respeito pelo seu próprio gênio e o compromisso com a sua missão. A responsabilidade por si mesmo é a responsabilidade para com quem você é.

Peter Koestenbaum denomina-se um filósofo clínico. Ele aplica a sabedoria filosófica aos problemas cotidianos, especificamente aos administrativos. Koestenbaum acredita que a expressão autêntica de si mesmo nasce com a exploração das preocupações fundamentais da existência humana, preocupações como a morte, a liberdade, a responsabilidade, o propósito e o trabalho, o amor, a intimidade, a identidade e assim por diante. Ele chama tudo isso de nossas "preocupações existenciais básicas". Ele escreveu o seguinte: "As preocupações existenciais básicas, quando inteiramente compreendidas e integradas às nossas vidas, dão-nos uma sensação de força, energia, engajamento, raízes, equilíbrio, vida, alegria, liberação e esperança." Koestenbaum refere-se à responsabilidade por si mesmo como "o par liberdade-responsabilidade", indicando que a responsabilidade por si mesmo e a liberdade sempre apóiam uma à outra. Quando você assume a responsabilidade por si mesmo, liberta-se das maldições de ser vítima e da dependência.

A responsabilidade por si mesmo tem dois componentes: consciência e compromisso. A consciência, nesse contexto, descreve a habilidade de fazer bons julgamentos a respeito da sua contribuição para uma situação, o seu impacto sobre os outros e a sua contribuição para criar todas as circunstâncias que o cercam. Ela requer uma vontade de ver a si mesmo como a sua própria fonte, de compreender e aceitar que você é quem cria os seus sentimentos, pensamentos, bem como suas percepções e ações.

A responsabilidade por si mesmo, portanto, pode ser considerada como a habilidade de julgar o seu impacto sobre si mesmo e sobre o mundo (consciência), combinada com a habilidade de dedicar-se a alguma coisa ou a alguém (compromisso).

Quatro Orientações Para a Vida

O diagrama a seguir mostra como os vários graus de domínio da consciência e do compromisso conduzem a quatro orientações gerais para a vida. Essas quatro categorias não descrevem necessariamente os tipos de pessoas. Algumas pessoas de fato vivem predominantemente numa categoria ou em outra, e eu usarei esses estereótipos para ilustrar cada uma das quatro orientações. Porém, a maioria delas reconhecerá que, em diferentes épocas de suas vidas e em diferentes circunstâncias, elas viveram as quatro orientações.

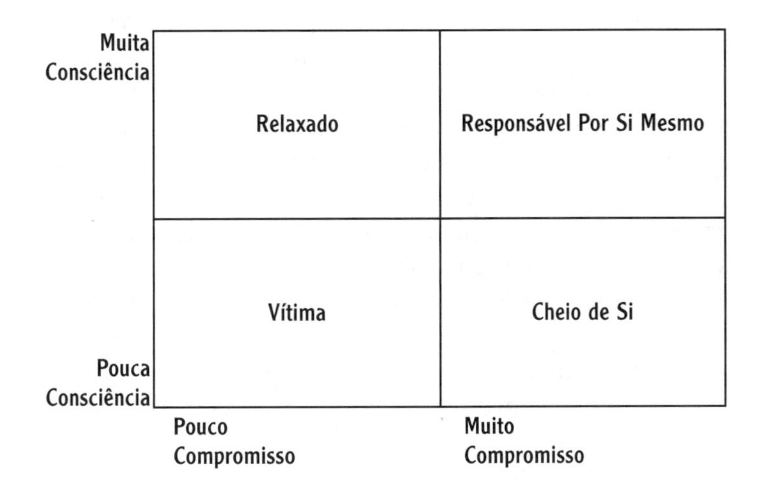

A pouca consciência aliada a pouco compromisso produz uma orientação de vítima, uma sensação de que estamos à mercê de forças externas a nós mesmos e que somos indefesos para criar mudanças. Isso é evidente em pessoas que culpam cronicamente as outras, o destino ou a sorte e que nunca olham para si mesmas como a origem da própria situação ou como potenciais agentes de mudança, e nunca fazem nada de construtivo para alterar a si mesmas ou às suas circunstâncias.

Martin, por exemplo, sentia-se vítima do seu chefe e da empresa para a qual trabalhava antes de decidir iniciar o seu próprio negócio. Helene sentia-se vítima do irmão e do marido. Porém, eles não se mantiveram nessa orientação. Eles encararam os seus sentimentos de vítimas como um sinal de que deveriam fazer algo diferente.

Pouca consciência com grande compromisso produzem uma orientação do tipo "cheio de si", com muitas atividades orientadas para compromissos mal escolhidos e nenhuma sensação de como essas atividades afetam os outros, as situações ou a própria pessoa. O protótipo do tipo "cheio de si" é a personagem de Jackie Gleason, Ralph Kramden, em *The Honeymooners* [Casais em Lua de Mel]. Ralph está sempre tropeçando em situações impossíveis por causa de planos ou esquemas não realistas, e tem pouca compreensão de como poderia estar contribuindo para os seus próprios problemas, assim como pouca visão de si mesmo. Através da magia dos roteiristas de televisão e da sabedoria de sua mulher, Alice, tudo sempre acaba bem para Ralph. Geralmente, temos menos sorte quando nós nos enquadramos nesse tipo.

Muita consciência com pouco compromisso produz uma orientação do tipo "relaxado", com boa visão de si mesmo e do mundo, mas nenhuma ação, nenhuma opção significativa. Uma vez, tive um conhecido que tratou da compreensão de si mesmo como se fosse a única chave para uma mudança real na sua vida. Ele fazia descobertas sobre descobertas a respeito da sua situação, mas nunca se comprometeu com nenhum plano de ação. Durante os cinco anos em que mantive contato com ele, permaneceu atolado numa situação de vida que ele próprio considerava como não realizadora e deprimente. Seu único alívio para não se sentir deprimido era fazer uma descoberta casual.

Finalmente, muita consciência com muito compromisso produzem a orientação de "responsabilidade por si mesmo". É fácil reconhecer as pessoas que estão vivendo numa orientação auto-responsável. Elas parecem estar no controle total da própria vida, parecem ser bem-sucedidas e transmitem uma energia que contagia as outras. Elas se importam com o modo como as outras pessoas reagem a elas, mas não são governadas pelo que os outros pensam. Movem-se rapidamente para além dos seus sentimentos de vítima e minimizam ou eliminam qualquer tendência para evitar as coisas. São capazes de resolver problemas e conflitos de maneiras que as deixam sempre bem e parecem conseguir a maior parte do que desejam. Neste livro, há muitas histórias de pessoas que agem por si mesmas com responsabilidade. Francine e Martin abandonaram empregos insatisfatórios e prejudiciais. Mandi e Toni abandonaram casamentos insatisfatórios e prejudiciais. O abandono não é o elemento importante em suas histórias. O elemento importante é a decisão de assumir responsabilidade por suas esperanças e sonhos, por seu gênio e sua missão.

Nenhuma Culpa

A responsabilidade por si mesmo é a antítese da culpa. Quando estamos culpando os outros, a sorte ou o destino, não estamos comprometidos com a responsabilidade por nós mesmos. Martin culpava os seus chefes pela sua infelicidade antes de abrir o seu próprio negócio. Mandy, Toni e Helene culpavam seus maridos. Maya culpava sua família de origem.

A culpa é uma questão difícil na nossa sociedade. Queremos saber "de quem é a culpa". Se desistimos de culpar os outros, a sorte ou o destino, mas nos apegamos à necessidade de culpar, então, a alternativa é culpar a nós mesmos. A responsabilidade por nós mesmos requer que abandonemos inteiramente a idéia da culpa. Quando assumimos a orientação da responsabilidade por nós mesmos, não culpamos os outros nem a nós. Simplesmente perguntamos: "O que aconteceu, qual é a situação e como eu contribuí para ela?"

Isso não significa que certas ações devam permanecer sem punição. Significa que, se você quiser adotar uma orientação auto-responsável para a sua vida, tem de sair da orientação de vítima que é a fonte da culpa.

Assumir a responsabilidade por si mesmo significa:

- Não culpar os outros, a sorte ou o destino pelo que você está sendo, fazendo, tendo ou sentindo.
- Não culpar a si mesmo.
- Estar consciente da sua contribuição para a sua própria vida.
- Comprometer-se com o que você quer.
- Estar consciente da infinidade de escolhas que você tem de fazer em qualquer situação.

Responsabilidade Para Com o Seu Gênio e Missão

Às vezes, quando eu organizo seminários com base no meu livro *Artful Work*, peço às pessoas que se apresentem para o grupo, dando um nome a qualquer forma de arte que pratiquem. Se eu estivesse me apresentando, por exemplo, diria: "Sou Dick Richards e sou escritor." Surpreendentemente, isso é difícil para muitas pessoas. Elas sentem isso da mesma maneira que um alcoólatra sente ao dizer pela primeira vez: "Sou um alcoólatra", num encontro dos AA. O medo e a vergonha estão envolvidos.

Uma vez, durante um intervalo num seminário, uma moça que participava me disse que era uma "artista de fibra". Eu nunca tinha ouvido essa expressão antes e a achei encantadora. Quando o seminário terminou, pedi às pessoas que assistiam a ele para dar um nome à sua forma de arte. Essa mulher disse: "Eu costuro colchas."

Perguntei-lhe por que ela tinha descrito a sua arte diante do grupo de uma maneira diferente da que havia feito no intervalo.

— Artista de fibra soa tão sublime! — disse ela. — Eu não queria parecer pretensiosa.

As pessoas que acham essa atividade difícil disseram-me que ela envolve assumir responsabilidade por uma parte delas próprias que elas geralmente negam. Elas negaram ou abriram mão do artista que existe nelas. Sentem-se envergonhadas por essa negação. Também têm medo de ver revelada uma parte valiosa delas próprias.

Algo muito semelhante acontece durante seminários que implicam a escolha de nomes para os gênios dos participantes. É sempre muito tenso e difícil o momento em que as pessoas dizem para o grupo "O meu gênio é ________ ________".

Geralmente obliteramos a consciência que temos do nosso gênio e da nossa missão, assim como podemos embolar a nossa consciência das sensações desagradáveis. Não que o nosso gênio e missão sejam eles próprios desagradáveis. Mas eles provocam uma sensação desagradável se preferimos evitá-los ou negar nossa responsabilidade em relação a eles. A sensação desagradável é a sensação de que alguma coisa está faltando na nossa vida.

Sugestões Para Obter Apoio e Assumir Responsabilidade Para Consigo Mesmo

- Releia as três histórias que você escreveu a seu próprio respeito enquanto procurava um nome para o seu gênio. Examine as condições externas nessas situações. Faça uma lista dos elementos do seu meio ambiente que o apoiaram. Quais foram as recompensas para o que você fez? Quem iniciou a atividade, você ou outra pessoa? Você estava sozinho ou fazia parte de um grupo? Sua atividade era basicamente física ou mental? Como as pessoas que o rodeiam o tratam?
- Quem alimenta o seu gênio agora? Quem mais na sua vida pode alimentar o seu gênio?
- O que você sabe fazer?
- Quais são os seus métodos favoritos para evitar as coisas? O que você está evitando no momento?
- Quando você se sentiu como vítima? Como contribuiu para essa situação? O que você faz diferentemente como resultado? Que consciência estava faltando? Que compromisso você poderia ter assumido?
- Quando você ficou cheio de si? Como contribuiu para essa situação? Que consciência estava faltando?
- Quando você consentiu em sentir-se relaxado? Que compromisso estava faltando?
- Enumere situações nas quais você agiu com responsabilidade por si mesmo ou seguiu uma orientação auto-responsável.
- Você está preso à culpa nesta época da sua vida? Você culpa a si mesmo?

Epílogo

Um livro nunca deve acabar sem uma lista de sugestões.

Um dia em que eu refletia a respeito de como este livro deveria terminar, surgiu a imagem de uma aquarela de William Blake, *Fantasia de Olhos Brilhantes.* Nesse quadro, Blake, que sempre escreveu a respeito do gênio como um anjo, pintou a figura de uma jovem pairando sobre um músico que está tocando uma lira. O músico Stephen Nachmanovitch fala a respeito do quadro: "Ela está derramando uma cornucópia cheia de idéias na forma de duendes e crianças, que o poeta-músico tenta tocar — quase como se sua lira fosse um instrumento para tomar notas — antes que eles se evaporem no ar." Esse quadro é uma imagem de impacto do gênio como um anjo que fica pairando e que guia o músico, não de um modo constrangedor, mas oferecendo-lhe notas que ele precisa selecionar com seu instrumento. Ele está se concentrando muito em suas oferendas, como se não quisesse perder nenhuma delas. A ilustração de Blake é para um poema de Thomas Gray, que inclui os versos:

Oh! Lira divina, que espírito ousado
Acorda-te agora?

É assim que o gênio funciona? O meu gênio, "Criando Clareza", também está me oferecendo idéias? Cabe a mim concentrar-me em vê-las e arrancá-las do ar com o meu computador e o meu programa de edição de texto? Este teclado é a minha lira? Que espírito ousado quer me acordar?

O gênio de um agente de turismo o presenteia com brochuras? O gênio de um gerente de imóveis o presenteia com prédios? O gênio do homem que troca o óleo do meu carro o presenteia com o óleo certo? O entrevistador com quem estou falando recebe perguntas da cornucópia do seu gênio? Acho que sim.

Naquela tarde, uma tarde fumacenta de agosto em Cincinnati, quando o dia estava para escurecer, reuni-me com várias centenas de pessoas num gramado em declive rodeado de árvores no Sharon Woods Park para ouvir a Orquestra Cincinnati Pops. A imagem de Blake ainda estava na minha cabeça.

O primeiro número era a abertura de *Orfeu no Mundo Subterrâneo*. Resolvi tentar imaginar um gênio com uma cornucópia de elfos ouvindo cada músico. De início, tive pouco sucesso. Era uma tarefa grande demais. Havia muitas coisas acontecendo no palco, com cerca de quarenta músicos e um enérgico regente de batuta branca dando apoio ao seu trabalho. Além disso, as forças da minha imaginação ainda não estavam inteiramente comprometidas. Olhei para o alto da tenda, pensando que os gênios estariam ali, mas tudo o que notei foram mariposas cometendo atos de imolação pessoal em torno das luzes do palco.

Durante um solo de saxofone, porém, pude sentir o saxofonista tirando notas do ar em vez de criá-las ele mesmo. Tive a mesma sensação com relação ao pianista durante a execução do tema principal de *Forrest Gump*. Eu estava chegando perto.

Isso aconteceu logo depois do intervalo.

Bum bum bam-bum ba-bum ba-bum ba-bum.
Bum bum bam-bum ba-bum ba-bum ba-bum.
Bum bum bam-bum ba-bum ba-bum ba-bum.

Cantem, cantem, cantem, cantem.
Todo mundo tem de cantar.

A Cincinnati Pops está tocando a todo vapor. E, de repente, consigo imaginá-los. São aproximadamente quarenta gênios, cada um deles como o "espírito ousado" de Blake e Gray, estão pairando sob o baldaquino da tenda listrada de azul e branco, cornucópias inclinadas ao máximo. Elfos derramam-se por toda parte. É uma inundação de elfos. Os músicos os pegam do ar furiosa, mas primorosamente, com seus instrumentos. Nem um único elfo cai no chão do palco. Eles estão sendo sugados do ar e sendo entregues para uma audiência encantada e cheia de energia como notas musicais isoladas por uma orquestra que realmente está fervendo.

De repente, os gênios param de derramar elfos. Todos menos um. Ele paira sobre o baterista, com a cornucópia inclinada, ainda oferecendo seus dons.

Bum bum bam-bum ba-bum ba-bum ba-bum.
Bum bum bam-bum ba-bum ba-bum ba-bum.
Bum bum bam-bum ba-bum ba-bum ba-bum.

O baterista me é estranho. Olho atentamente para o seu gênio. Será possível? Sim! Esse gênio se parece com Gene Krupa. Lembro-me de uma fotografia de Krupa na capa de um álbum antigo. Esse gênio parecido com Krupa parece estar possesso. O suor escorre do seu corpo enquanto ele derrama freneticamente os elfos no palco. No clímax do solo de bateria, o gênio enfia a mão na cornucópia e puxa os elfos para fora, jogando-os freneticamente em cima do baterista. Fico imaginando se os gênios realmente suam ou se minha imaginação está delirando.

Tap, tap, tap-tap.
Tap, tap, tap-tap.
Tap, tap, tipiti-tap.
Bum bum bam-bum ba-bum ba-bum ba-bum.
Bum bum bam-bum ba-bum ba-bum ba-bum.
Bum bum bam-bum ba-bum ba-bum ba-bum.

Cada batida e cada "bum" derrama-se da cornucópia e é arrancada do ar.

Acontece de novo durante o *finale, Mack the Knife*. Os gênios estão lá novamente, fazendo seu trabalho, oferecendo suas dádivas. Dessa vez, também olho para a audiência, para as pessoas ao meu redor. Uma lua clara e brilhante espia por entre as árvores. Olho para a senhora de cabelos brancos ao meu lado. Para o homem de barba que está próximo, usando um *yarmulke*. Para uma criança asiática, dormindo no colo da mãe. Para as silhuetas escuras das pessoas que estão à minha frente. Cada uma delas é assistida por um gênio que está pairando sobre elas. Alguns gênios estão derramando-se de suas cornucópias, alguns parecem estar descansando. Há elfos no ar.

O meu próprio gênio parece estar cansado e satisfeito. Foi uma noite movimentada e produtiva.

Cantem, cantem, cantem, cantem...

Leitura Recomendada

As formas de todas as coisas derivam
do seu gênio.

— WILLIAM BLAKE

Que eu saiba, este é o único livro escrito especificamente para ajudá-lo a descobrir o seu gênio. Há, no entanto, muitos outros livros disponíveis que tratam de conceitos como compromisso e missão pessoal. Eis alguns dos meus favoritos:

Lawrence Boldt escreveu um guia de carreiras extraordinariamente abrangente intitulado *Zen and the Art of Making a Living* (Penguin, Nova York, 1993). A segunda seção do livro, "The Quest for Life's Work" será particularmente útil para as pessoas que estão procurando a sua própria missão.

A obra de Stephen Covey — especialmente *The Seven Habits of Highly Effective People* (Fireside, Nova York, 1989) — também é muito abrangente e prática. Ela será especialmente útil para aqueles que detectaram a própria missão e que estão indagando: "E agora?"

Phillip Berman editou os textos de 32 homens e mulheres famosos a respeito de como eles põem suas crenças em ação, num livro intitulado *The Courage of Conviction* (Dodd, Mead and Company, Nova York, 1985). A lista de colaboradores inclui Joan Baez, Mario Cuomo, o Dalai Lama, Norman Cousins e Benjamin Spock — um grupo bem eclético. O livro oferece sugestões dadas por essas pessoas assim como histórias inspiradoras.

O livro de David Kiersey e Marilyn Bates, *Please Understand Me* (Prometheus Nemesis, Del Mar, CA, 1984), traz um teste que capacita os leitores a determinar o tipo de sua personalidade. O teste baseia-se no mais abrangente e bem pesquisado Indicador de Tipos de Myers-Briggs. Muitas pessoas que freqüentam seminários como aqueles que são descritos neste livro encontraram pistas para o seu gênio dentro da descrição do seu tipo de personalidade, tanto em *Please Understand Me* como nos dados fornecidos pelo Indicador Myers-Briggs.

O meu livro, *Artful Work: Awakening Joy, Meaning and Commitment in the Workplace* (Berrett-Koehler, San Francisco, 1995), é naturalmente um dos meus favoritos. Ele aplica as hipóteses dos artistas sobre o trabalho que fazem a todo tipo de trabalho.

Richard Leider e David Shapiro escreveram *Repacking Your Bags* (Berrett-Koehler, San Francisco, 1994) para as pessoas que querem levar uma vida plena. Sua perspectiva agora do propósito é útil e nova, e suas idéias a respeito de "aliviar a sua carga" fizeram uma grande diferença para mim.

O livro de Julia Cameron, *The Artist's Way* (Putnam Berkley, Nova York, 1992), é um milagre. Embora tenha sido escrito por artistas profissionais e aspirantes, a perspectiva de que a expressão criativa é a direção natural da vida torna este livro muito importante para todos aqueles que se dão ao trabalho de lê-lo.

O trabalho de Peter Koestenbaum como filósofo clínico comoveu-me e ajudou-me a pensar com mais profundidade a respeito do meu próprio trabalho. O compêndio mais abrangente do excepcional pensamento de Peter está no seu livro, *The Heart of Business* (Saybrook, San Francisco, 1987).

A busca do seu gênio e da sua missão também é uma exploração do terreno que está debaixo da superfície da vida. Muitos escritores ajudaram a minha exploração nesse terreno. Entre eles, estão James Hillman (*The Soul's Code*), Sam Keen (*Hymns to an Unknown God* e *Fire in the Belly – O Homem na sua Plenitude*, publicado pela Editora Cultrix, São Paulo, 1993), Marianne Williamson (*A Return to Love*), Robert Bly (*Iron John*, assim como muitos livros de poesia), Gary Zukav (*The Seat of the Soul — A Morada da Alma*, publicado pela Editora Cultrix, São Paulo, 1993), Stephen Nachmanovitch (*Free Play*), David White (*The Heart Aroused*), Lyall Watson (*Life-tide*), Deepak Chopra (especialmente *The Seven Spiritual Laws of Success*), e Thomas Moore (*Care of the Soul*). E, naturalmente, Victor Frankl (*Man's Search for Meaning*).

Notas e Referências

Capítulo 1: O Seu Gênio

"As formas das coisas derivam do seu gênio": William Blake, *The Portable Blake*, p. 79, Alfred Kazin, editor, Viking Penguin, Nova York, 1946.

Jane Hissey, *Old Bear*, Philomel Books, Nova York, 1986.

Stephen Covey, *The Seven Habits of Highly Effective People*, Fireside, Nova York, 1989.

James Redfield, *The Celestine Prophecy*, Warner, Nova York, 1993.

Deepak Chopra, *The Seven Spiritual Laws of Success*, Amber-Allen, San Rafael, CA, 1994.

"Você tem um talento exclusivo": Deepak Chopra, *The Seven Spiritual Laws of Success*, p. 98, Amber-Allen, San Rafael, CA, 1994.

"Uma inspeção da cadeira dele...": Sir Arthur Conan Doyle, *The Adventures of Sherlock Holmes*, p. 167, A Tor Book, Nova York, 1989.

"A chave encrencada na fechadura": Sue Grafton, *B is for Burglar*, p. 205, Bantam, Nova York, 1985.

Capítulo 2: Observando

"Que utilidade eu posso ter...": Vincent Van Gogh in Laurence Boldt, *Zen and the Art of Making a Living*, p. 95, Penguin, Nova York, 1993.

"Eu poderia pensar nesses problemas irremediavelmente complicados sem perturbações": Werner Heisenberg, *Physics and Beyond: Encounters and Conversations*, p. 77, Harper Torchbooks, Nova York, 1972.

"Eu me convenci imediatamente": Werner Heïsenberg, *Physics and Beyond: Encounters and Conversations* (Nova York: Harper Torchbooks, 1972), p. 77.

"Se eu continuar a absorver dados": Esta frase às vezes é chamada de "A Oração Gestalt". A primeira vez em que a ouvi foi de Jonno Hanafin, que é afiliado ao Instituto Gestalt de Cleveland. Nem Jonno nem outras pessoas com quem conversei no instituto conhecem a sua fonte. Aparentemente, é de autor anônimo.

"Estabeleceu a ponte muito necessária": Werner Heisenberg, *Physics and Beyond: Encounters and Conversations*, p. 78, Harper Torchbooks, Nova York, 1972.

Capítulo 3: O Que É o Gênio?

"Todos os homens têm um gênio": Ananda Coomeraswamy, *Christian and Oriental Phylosophy of Art*, p. 38, Dover, Nova York, 1956.

"A lei do Dharma diz que todo ser humano tem um talento único": Deepak Chopra, *The Seven Spiritual Laws of Success*, p. 98, Amber-Allen, San Rafael, CA, 1994.

"Nenhum homem... pode ser um gênio": Ananda Coomeraswamy, *Christian and Oriental Phylosophy of Art*, p. 38, Dover, Nova York, 1956.

As definições dicionarizadas de gênio são extraídas de *The Random House College Dictionary*, 1975.

As descrições do gênio da Roma Clássica são extraídas de várias fontes, inclusive Pierre Grimal, *The Concise Dictionary of Classical Mythology*, p. 160, Blackwell, Cambridge, MA, 1990.

"E ela enviou com cada um": Platão, *Phaedo*, (projeto Perseus, Tufts University: <http://medusa.perseus.tufts.edu/cgi->, <bin/text?lookup+plat.+rep.+620e&word=genius>)

"E assim foi dito": Platão, *Phaedo* (projeto Perseus, Tufts University: <http://medusa.perseus.tufts.edu/cgi->, <bin/text?lookup+plat.+phaedo+107d&word=genius>).

"Você nasceu com um caráter", James Hillman, *The Soul's Code*, p. 7, Random House, Nova York, 1996.

As referências a Sócrates foram adaptadas do Departamento de Filosofia da Clarke University (<http://www.clarke.edu/departments/philosophy/apology/aplg0237.htm>)

"Nascendo, vocês dois": Robert Bly, *The Sibling Society*, p. 211, Addison-Wesley, Reading, MA, 1996.

"Encontro cada vez mais esse meu estilo": William Blake, *The Portable Blake*, p. 176, Alfred Kazin, editor, Viking Penguin, Nova York, 1946.

"É uma força positiva com um propósito": Gary Zukav, *The Seat of the Soul*, p. 31, Fireside, Nova York, 1990. [*A Morada da Alma*, publicado pela Editora Cultrix, São Paulo, 1993.]

"Cada pessoa tem algo que é único": James Hillman, *The Soul's Code*, p. 6, Nova York, Random House, 1996.

Capítulo 4: Frustrações e Maldições

"A sua auto-expressão é o seu dom para o mundo": Laurence Boldt, *Zen and the Art of Making a Living*, p. 9, Penguin, Nova York, 1993.

"Completamente Exausto e um pouco tenso": Werner Heisenberg, *Physics and Beyond: Encounters and Conversations*, p. 77, Harper Torchbooks, Nova York, 1972.

"Bloqueando a realização dos impulsos naturais do homem": Hans Selye, *Stress without Distress*, p. 76, Signet, Nova York, 1974.

Capítulo 5: Contando Histórias

"Não há a posição de desligar no interruptor do gênio": David Letterman (citado em <http://www.westnet.com/~chris/weird/1995/april/0048.html>).

Capítulo 6: Montando o Quebra-Cabeça

"A alma organizada e sábia": Platão, *Phaedo* (projeto Perseus, Tufts University: <http://medusa.perseus.tufts.edu/cgi->, <bin/text?lookup+plat.+phaedo+108b&word+genius>).

"Uma sensação sentida não é uma experiência mental": Eugene Gendlin, *Focusing*, p. 32, Bantam, Nova York, 1982.

Capítulo 7: Buscando em Conjunto

"Cada alma traz a configuração particular": Gary Zukav, *The Seat of the Soul*, p. 234, Fireside, Nova York, 1990. [*A Morada da Alma*, publicado pela Editora Cultrix, São Paulo, 1993.]

Capítulo 8: Comprometimento Com Uma Missão

"Ser humano dirige-se a alguma coisa": Victor Frankl, *The Will to Meaning*, p. 50, Meridien, Nova York, 1988.

"Belas salas arejadas": Mikiel Azzopardi, "Uma História de Algo Bonito". A História me foi enviada pelo amigo de Monsenhor Azzopardi, Lewis Portelli.

"Talvez uma das suas maiores realizações": Lewis Portelli, "Mgr. Michael Azzopardi: An Appreciation by Lewis Portelli", *The Sunday Times*, Malta, 31 de maio, 1987.

"Todos têm uma vocação específica": Victor Frankl, *Man's Search for Meaning*, p. 113, Touchstone, Nova York, 1984.

Capítulo 9: Como Detectar a Sua Missão

"O meu negócio é a circunferência": *Selected Poems and Letters of Emily Dickinson*, p. 25, Robert N. Linscott, editor, Doubleday, Nova York, 1959.

Como estamos mais bem aparelhados para servir à humanidade: Deepak Chopra, *The Seven Spiritual Laws of Success*, p. 100, Amber-Allen, San Rafael, CA, 1994.

"Qual é a mensagem que você quer que a sua vida comunique": Laurence Boldt, *Zen and the Art of Making a Living*, p. 161, Penguin, Nova York, 1993.

"A missão que somente nós podemos cumprir": James Redfield, *The Celestine Prophecy*, p. 141, Warner, Nova York, 1993.

"Um chamado de determinado lugar": Thomas Moore, *Care of the Soul*, p. 181, HarperCollins, Nova York, 1992.

"Um chamado espiritual envolve quatro elementos": Sam Keen, *Hymns to an Unknown God*, p. 278, Bantam Books, Nova York, 1994.

"A vocação como um chamado": Matthew Fox, *The Reinvention of Work*, p. 102, HarperSanFrancisco, San Francisco, 1994.

"O propósito como papel cósmico": Matthew Fox, *The Reinvention of Work*, p. 106, HarperSanFrancisco, San Francisco, 1994.

"Todos temos um objetivo espiritual": James Redfield, *The Celestine Prophecy*, p. 146, Warner, Nova York, 1993.

"Creio que cada um de nós tem um monitor interno": Stephen Covey, *The Seven Habits of Highly Effective People*, p. 128, Fireside, Nova York, 1989.

"A pessoa não devia buscar nada": Victor Frankl, *Man's Search for Meaning*, p. 113, Simon & Schuster, Nova York, 1984.

"Descubra a sua divindade": Deepak Chopra, *The Seven Spiritual Laws of Success*, p. 101, Amber-Allen, San Rafael, CA, 1994.

"Temos de fazer aquilo que tem profundidade": Marianne Williamson, *A Return to Love*, p. 192, HarperCollins, Nova York, 1992.

"Foi como se um grande sino me chamasse": Marion Zimmer Bradley, *The Mysts of Avalon*, Sphere Books, UK, 1984.

"Jamais devemos esquecer": Victor Frankl, *Man's Search for Meaning*, p. 116, Simon & Schuster, Nova York, 1984.

"Não somos meramente a criação física": James Redfield, *The Celestine Prophecy*, p. 138, Warner, Nova York, 1993.

"Se você encarar a sua vida como uma história": James Redfield, *The Celestine Prophecy*, p. 139, Warner, Nova York, 1993.

Capítulo 10: Responsabilidade Por Si Mesmo e Apoio

"Podemos mudar a nós mesmos": Rita Mae Brown *in The Courage of Conviction*, p. 29, Phillip Berman, editor, Dodd, Meade & Company, Nova York, 1985.

"As preocupações existenciais básicas": Peter Koestenbaum, *The Heart of Business*, p. 72, Saybrook, San Francisco, 1987.

Epílogo

"Ele está virando uma cornucópia": Stephen Nachmanovitch, *Free Play: The Power of Improvisation in Life and the Arts,* p. 36, Tarcher/Putnam, Nova York, 1990.

A *Fantasia de Olhos Brilhantes,* de Blake, é reproduzida em preto e branco no livro de Nachmanovitch, *Free Play,* p. 38, Tarcher/Putnam, Nova York, 1990.

Uma impressão maior em preto e branco encontra-se em Blake's *Illustrations to the Poems of Gray,* de Irene Taylor, Princeton University Press, Princeton, 1971.

O programa de *Concertos no Parque em 1996* da Orquestra Cincinnati Pops dá crédito a Louis Prima como o compositor de "Cantem, cantem, cantem" para o filme *The Benny Goodman Story.*